CORINNE MALLET

HORTENSIEN

auswählen, pflanzen, pflegen

ÜBERSETZT VON
CHRISTINE SCHOELZEL, STRASSBURG

VERLAG EUGEN ULMER
ÖSTERREICHISCHER AGRARVERLAG

INHALTSVERZEICHNIS

Einführung

Hortensien gehören zu den pflegeleichtesten Sträuchern in unseren Gärten. Obwohl die meisten asiatischen Ursprungs sind, haben sie sich so gut akklimatisiert, dass man meinen könnte, sie wären bei uns heimisch. In weniger als zwei Jahrhunderten sind uns vor allem die so genannten »Garten-Hortensien« so vertraut geworden, dass man sie in sehr vielen Gärten findet, in Deutschland vor allem im wintermilden Westen und Norden.

Indessen sind seit einigen Jahren neue Hortensien auf dem Markt. Obwohl die meisten keine größeren Kulturprobleme machen, verlangen sie doch besondere Pflege, um gut zu gedeihen und üppige Blütenfülle zu bieten.

Dieses Buch möchte Hobby- und Profigärtnern, die sich in diese herrlichen Pflanzen verliebt haben und mit im Handel befindlichen Pflanzenneuheiten liebäugeln, bei der richtigen Pflege unterstützen. In welcher Gegend man auch leben mag, jeder wird Hortensien finden, die sich bei ihm wohl fühlen und prachtvoll blühen können. Die Arten- und Sortenbeschreibungen in diesem Buch helfen bei der fachgerechten Auswahl.

Für die deutsche Ausgabe:
Der Verlag dankt Herrn Andreas Bärtels, Waake, ehemaliger Leiter des Forstbotanischen Gartens der Forstlichen Fakultät in Hann. München, für seine fachliche Durchsicht und die Anpassung an deutsche Klima- und Marktverhältnisse.

Für Yolande Longuemare und Robert Mallet

Hortensien

Die Arten der Gattung *Hydrangea* sind als Gartenpflanzen sehr verbreitet. Durch die Art *H. macrophylla* und ihre Sorten ist sie beinahe überall in den Gärten der gemäßigten Bereiche auf der ganzen Welt zu finden. Sogar manche Inseln mit gemäßigt warmem Klima hat sie erreicht, etwa die Azoren, wo sie in einem solchen Maße heimisch geworden ist, dass die Besucher sie gar für einheimisch halten. Die Art sowie ihre Sorten mit kugelförmigen Blütenständen werden allgemein »Garten-Hortensien« genannt.

Die anderen Arten sind allgemein immer noch ziemlich unbekannt; man wundert sich manchmal, wenn man erfährt, dass sie zur selben Gattung gehören wie die so bekannte Garten-Hortensie. Diese Verwunderung erklärt sich zunächst einmal durch das besondere Aussehen ihrer Blütenstände. Diese Hortensie ist eigentlich nur eine Garten-Variante, deren Blütenstand kugel- oder halbkugelförmig ist. Der normale Blütenstand von *Hydrangea macrophylla* und vieler anderer Arten hat die Form einer leicht gewölbten oder flachen, so genannten »Trugdolde«, die nicht selten auch als Schirmrispe bezeichnet wird.

Die Bezeichnung »Hortensie« hat allerlei Rätsel aufgegeben. Viele Autoren glauben, dass diese Pflanze zu Ehren einer gewissen »Hortense« so getauft worden sei. Tatsächlich gab aber Philibert Commerçon diesen Namen einer *Hydrangea macrophylla* mit kugeligen Blütenständen, weil er sie im Garten des Königs der Insel Mauritius gefunden hatte – denn auf Lateinisch bedeutet *hortensia* schlicht und einfach »aus dem Garten«.

MORPHOLOGISCHE BESONDERHEITEN

Hortensien sind durchweg holzige Sträucher, so dass ihre Triebe im Winter nicht absterben. Die meisten von ihnen haben einen aufrechten Wuchs. Die größten können eine Höhe von etwa 10 m erreichen, die niedrigsten werden nicht mehr als 1 m hoch. Einige Arten klettern und halten sich mit Hilfe von Haftwurzeln an ihrer Unterlage fest. Sie können sich bis zu 20 m in die Höhe schwingen. Die bei den kultivierten Arten meist sommergrünen Blätter sind immer gegenständig oder zu dritt in Quirlen angeordnet (außer bei

H. seemannii, die aber in Deutschland weder kultivierbar noch im Handel erhältlich ist und deshalb hier nicht behandelt wird). Bei allen Arten schuppt sich die ältere Borke in dünnen Streifen oder Fetzen ab.

FRUCHTBARE UND UNFRUCHTBARE BLÜTEN

Hortensien tragen ihre Blüten nicht einzeln, sondern in Blütenständen, die als Rispen oder Trugdolden bezeichnet werden; bei manchen Gartenformen haben die Blütenstände kugelige Formen angenommen. In der Regel finden sich in den Blütenständen zwei Sorten von Blüten: die fruchtbaren (fertilen) Blüten, die nur ein paar Millimeter groß und oft recht unauffällig sind, und die unfruchtbaren (sterilen) Blüten, deren Durchmesser oft 1 bis 3 cm beträgt.

Abbildung aus der Flora Japonica von Siebold & Zuccarini, Leiden 1835/42.

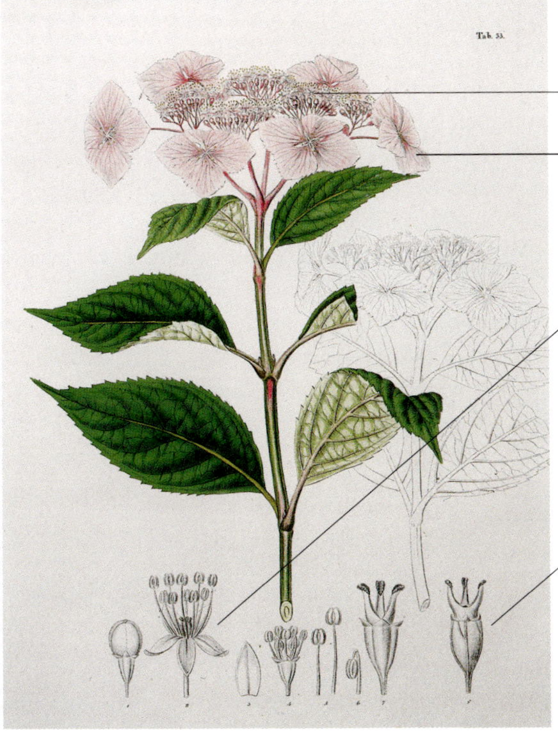

fertile Blüten

sterile Blüten

Blütenstand

Die fertilen Blüten, die blühen und fruchten, weisen vier oder fünf Kelchblätter auf und ebenso viele Blütenblätter, zwei bis fünf Griffel sowie im Allgemeinen acht bis zehn Staubgefäße.

Die Frucht hat die Form eines antiken griechischen Wasserkruges (*Hydrangea* leitet sich ab vom griechischen *hydor* = Wasser und *aggeion* = Gefäß).

H. serrata, wie man sie in der Natur findet.

Diese letzteren verleihen den Blütenständen mit ihren farbigen Kelchblättern ihren Zierwert, da sie viel stärker entwickelt sind als die Blütenblätter. Im Fachjargon sind die Kelchblätter »petaloid« geworden, also kronblattartig umgebildet.

In der Regel haben sterile Blüte nur vier oder fünf Kelchblätter, bei manchen Sorten aber auch mehr. Ist die Zahl der Kelchblätter verdoppelt, spricht man von halb gefüllten Blüten, bei einer größeren Zahl von gefüllten Blüten.

FORMEN DER BLÜTENSTÄNDE

Je nach Art können die Blütenstände flach (tellerförmig), kugelig oder rispenförmig sein.

In der Natur weisen die meisten Arten flache Trugdolden auf, in denen die fruchtbaren Blüten die Mehrheit bilden. Die kugelförmigen Blütenstände sind lediglich eine veränderte Form davon, bei der die sterilen Blüten überwiegen. Dieses Ergebnis einer genetischen Fehlbildung sieht man in der Natur nur sehr selten. Bei den kultivierten Hortensien ist dies hingegen die häufigste Form: Sie wurde bevorzugt, da man sie auffälliger und dekorativer fand; Individuen mit diesen Blütenständen wurden selektioniert und durch eine vegetative Vermehrung zu Sorten entwickelt.

Die Arten *H. paniculata* und *H. quercifolia* haben rispenförmige Blütenstände. In der Natur weist diese Blütenform wenige sterile Blüten auf. Auch hier hat der Mensch von der Wildart abweichende Formen mit zahlreichen sterilen Blüten ausgewählt und in Kultur genommen.

tellerförmiger Blütenstand

kugeliger Blütenstand

Blütenrispe

FARBE DER BLÜTENSTÄNDE

Die farbigen Blütenstände der Hortensien bedienen alle ähnliche Farbnuancen innerhalb der Farbpalette: Blau- und Rottöne über alle nur möglichen Abstufungen, vom hellsten bis zum dunkelsten Ton. Man sieht bei ihnen weder Gelb noch Orange. Die in der Gattung überwiegenden weißen Blüten haben ihre Ursache in einem Pigmentmangel. Manche Blüten können naturweiß oder sehr blassgelb sein, doch dabei handelt es sich nur um eine schwache Konzentration der Farbpigmente.

Die Blüten bestimmter Arten, wie *H. arborescens*, *H. paniculata* und *H. quercifolia*, sind immer weiß. Andere Arten sind üblicherweise farbig, können aber auch Exemplare mit weißen Blütenständen hervorbringen.

Bei den farbigen Arten variiert die Farbe mit dem Säuregehalt des Bodens. In sehr saurem Boden sind die Blüten blau. In weniger saurem Boden sind sie violett oder malvenfarben. In fast neutralem Boden sind die Blüten rot oder rosa. Tatsächlich ist es nicht die Säure des Bodens selbst, die den Farbumschlag zu Blau hin bewirkt, sondern das Aluminium, das von den Wurzeln nur in saurem Milieu aufgenommen werden kann. Die meisten gewachsenen Böden enthalten mehr oder weniger Aluminium in Form von Sulfat oder Oxid, aber nicht alle sind sauer. Deshalb sollte man, wenn man Hortensien mit intensiv blauen Blüten erzielen möchte, sich ein zugleich saures und stark aluminiumhaltiges Milieu suchen oder schaffen (siehe Seite 22).

Links blaue Garten-Hortensien auf saurem Boden; von links nach rechts: 'Renate Steiniger', 'Otaksa' und 'Mathilde Gütges'.

Rechts rote Garten-Hortensien aus wenig saurem Boden; von links nach rechts: 'Papagei', 'Mousmé', 'Rotschwanz'. Bei gleichem pH-Wert ist die Farbe je nach Sorte mehr oder weniger intensiv.

Selbstverständlich sind die Farben umso kräftiger, je mehr Pigmente vorhanden sind. Eine wenig pigmentierte Pflanze blüht beispielsweise in einem fast neutralen Boden rosa, nicht rot. Die Art und die Intensität der Farbe bei gleichem Säuregehalt sind innerhalb der Sorten unterschiedlich.

GEOGRAFISCHE HERKUNFT

Die Arten der Gattung *Hydrangea* wachsen natürlicherweise auf dem amerikanischen Kontinent und in Asien. Weder Europa, Afrika oder Ozeanien noch selbstverständlich die Polregionen weisen Naturstandorte von Hortensien auf. Die Gattung ist in zwei Sektionen geteilt:

- Die Sektion *Hydrangea* wächst in Nordamerika und Asien. Innerhalb dieser Sektion, zu der die meisten kultivierten Arten gehören, haben die Pflanzen im Allgemeinen einen aufrechten Wuchs und sommergrüne Blätter. Die drei in Nordamerika vertretenen Arten werden kultiviert. Das wichtigste Herkunftsland der Hortensien-Gartenformen ist Japan. Von diesem Archipel sind übrigens die meisten Vorfahren unserer Garten-Hortensien importiert worden. Das kontinentale Asien beheimatet ebenfalls zahlreiche Arten, besonders in China und Tibet. Deren Erforschung ist immer noch nicht abgeschlossen, und mehrere Arten und Unterarten könnten in den nächsten Jahren dort entdeckt werden.
- Die Sektion *Cornidia* ist, von einer Ausnahme abgesehen, nur in Lateinamerika vertreten. Die Pflanzen dieser Sektion sind Kletterpflanzen, und ihr Laub ist immergrün. Lediglich die aus Mexiko stammende Art *H. seemannii* wird in subtropischen oder mediterranen Zonen gelegentlich kultiviert. Da sie in Deutschland auch in Zonen mit Weinbauklima nicht ausreichend frosthart ist und deshalb bei uns im Handel nicht angeboten wird, soll sie hier zwar erwähnt, aber nicht ausführlich beschrieben werden.

Die Blütezeit von Hortensien zieht sich manchmal bis spät in die Saison hin und gestattet so üppige Herbstkompositionen wie hier bei der Hortensie mit ihren zarten, flachen Dolden (Jardin du Vastérival, Seine-Maritime, Frankreich).

Man kann damit rechnen, dass in den kommenden Jahren und Jahrzehnten – zur größten Freude der Hortensien-Freunde und der Gärtner – immer mehr Sorten im Handel verfügbar sein werden.

Seidenmalerei von Niu-Che Yun Ping, China (Musée Guimet, Paris).

Praktische Einteilung, die in diesem Buch eingehalten wird:

Wir haben in diesem Buch eine Einteilung der Hortensien auf eher praktischen statt streng botanischen Grundlagen nach ihren Eigenschaften und ihrer Herkunft vorgenommen. So verstehen wir unter den folgenden Begriffen:

Hortensien mit kugelförmigen Blütenständen: *Hydrangea macrophylla* und ihre Sorten.

Hortensien mit tellerförmigen Blütenständen: *H.* * *macrophylla* und ihre Sorten sowie *H. serrata*.

Japanische Hortensien: Sorten von *H. serrata*, deren Ausgangspflanzen von den Japanern am Naturstandort gesammelt wurden.

Amerikanische Hortensien: *H. arborescens* (Wald-Hortensie), *H. quercifolia* (Eichenblättrige Hortensie).

Samt-Hortensien (auch als Raue Hortensien bezeichnet) und **Hüllblatt-Hortensien:** *H. aspera* mit ihren Unterarten und Formengruppen sowie *H. involucrata*.

Rispen- und Chinesische Hortensie: *H. paniculata* (Rispen-Hortensie), *H. heteromalla* (Chinesische Hortensie).

Kletter-Hortensien: *H. anomala* subsp. *petiolaris*.

* Im gesamten Buch ist »*H.*« die Abkürzung von »*Hydrangea*«.

Hortensien

Hortensien brauchen einen sauren Boden und viel Feuchtigkeit. Im Allgemeinen bevorzugen sie kühle, schattige Lagen. Es ist wichtig, jede Pflanze in Bezug auf das Klima und den Boden der Gegend auszuwählen, für die sie bestimmt ist, und auch ihren Lichtbedarf zu berücksichtigen.

KLIMA

Viele Hortensien sind an ein gemäßigtes Klima angepasst, im gewissen Maß auch gegenüber winterlicher Kälte im Flachland. Rispen- und Chinesische Hortensien (*H. paniculata* und *H. heteromalla*) können sogar größere Kälte in Gebirgsregionen aushalten. Garten-Hortensien hingegen sind empfindlich gegenüber tiefen Wintertemperaturen und Frost im Frühjahr. In Gegenden mit häufigem Frühjahrsfrost sollte man also besser Arten oder Sorten ziehen, die ihre Blütenknospen spät bilden, wie die Japanischen Hortensien mit farbiger Blüte (Sorten von *H. serrata*) oder die Wald-Hortensie mit weißer Blüte (*H. arborescens*).

BODEN

Hortensien sind Säure liebende Pflanzen, also muss das Substrat, in dem sie wachsen, sauer sein. Ein Boden mit einem pH-Wert zwischen 4 und 6 ist ideal. Neutrales Regenwasser verändert nicht den Säuregehalt des Substrats und sollte bevorzugt zum Gießen verwendet werden. In kalkhaltigen Böden (und neutralen, wenn man eine blaue Blütenfarbe will), muss also der Wurzelbereich der Pflanze von seiner alkalischen Umgebung isoliert werden, indem man das Pflanzloch mit einer Gartenfolie auslegt (siehe Seite 16).
Im Übrigen muss der Boden stets kühl sein, aber durchlässig ohne Staunässe.

kultivieren

LICHTBEDARF

Hortensien bevorzugen in der Regel Schatten oder Halbschatten. Nur *H. paniculata*, *H. heteromalla* und Kletter-Hortensien mit immergrünem Laub (*H. seemannii*, bei uns weder winterhart noch erhältlich) verlangen zum Blühen einen deutlich sonnigen Standort.

Welche Hortensie für welche Lichtverhältnisse?

Nach Norden

Das ist der Naturstandort von *H. macrophylla* und *H. involucrata*, die angelehnt an dichte Unterpflanzungen mit vorwiegend immergrünen Nadelbäumen wachsen und nie Mittagssonne bekommen, ohne allerdings direkt im Unterholz zu stehen.

Nach Osten

Wenige Arten vertragen diese Richtung, denn die Tröpfchen des nächtlichen, noch nicht verdunsteten Taus auf den Blütenknospen und Blütenständen wirken wie Brenngläser, wenn das Licht der aufgehenden Sonne durch sie hindurchscheint: die Pflanzenteile darunter verbrennen. Arten wie *H. paniculata* und *H. heteromalla* sind in dieser Hinsicht jedoch wenig oder gar nicht empfindlich. Diese Pflanzen können also in dieser Lage gepflanzt werden, sie blühen hier aber weniger als bei Südstandorten. *Hydrangea anomala* subsp. *petiolaris* fühlt sich hier ebenfalls wohl – wenn nur ausreichend Licht vorhanden ist.

Nach Süden

Das Licht der Mittagssonne entfaltet hier seine ganze Kraft. In der Natur wachsen *H. paniculata*, *H. heteromalla* und auch *H. seemannii* in solchen Lagen. Unter diesen Bedingungen blühen sie folglich auch am üppigsten. *H. anomala* subsp. *petiolaris* passt sich diesen Lichtverhältnissen leicht an, doch ihre Blüte erfolgt dann früh und ist kurzlebiger.

Nach Westen

Dies ist die günstigste Lage für die meisten vorangehend nicht angeführten Arten, abgesehen von den Japanischen Hortensien und manchen Hortensien mit flachen Trugdolden.

Als Unterpflanzung im Halbschatten

In dieser Lage wachsen die Pflanzen im sommergrünen Unterholz mit leichtem Schatten. Japanische Hortensien und Hortensien mit flachen Trugdolden mögen solche Lichtverhältnisse ganz besonders.

BALLEN- ODER CONTAINERWARE?

Die Pflanzen werden auf zweierlei Weise angeboten: mit einem Ballen oder im Container. Wenn man die Wahl hat und genau weiß, welche Art oder Sorte man sucht, sollte man lieber eine Pflanze mit Ballen kaufen, denn sie wächst meist besser an.

So pflanzen Sie richtig

- **Graben Sie ein Loch** mit 40 bis 50 cm Durchmesser und bewahren Sie dabei die oberste Erdschicht (die ersten 20 bis 30 cm Aushub) auf einer Plastikfolie auf.

- **Mischen Sie** diese mit Torfmull oder Lauberde und mit Weißtorf im Verhältnis von je 1:3. Die Fasern des Weißtorfs müssen mit der Hand auseinander gezogen werden. Sand ohne Kalkanteile kann bis maximal 5 % hinzugefügt werden, da ansonsten das Substrat leicht zu durchlässig wird.

- **Legen Sie eine Drainageschicht** aus Kies (am besten Granit) auf dem Boden des Pflanzloches an, etwa 10 bis 15 cm dick.

- **Schütten Sie etwa ein Drittel der Mischung** in das Pflanzloch und mischen Sie nun etwas Langzeit-Dünger unter. Verteilen Sie darüber eine weitere Schicht der Erdmischung, bevor Sie die Pflanze darauf setzen.

- **Fixieren Sie den Wurzelhals der Pflanze** in Höhe der Erdoberfläche. Wenn eine Pflanze zu tief gepflanzt wird, verfault sie, da ihre Wurzeln ersticken. Wird sie zu hoch gesetzt, trocknen ihre Wurzeln aus.

- **Füllen Sie das Loch** mit dem Rest der Mischung und treten Sie diese leicht mit der Fußspitze fest (nicht mit der Ferse!).

- **Gießen Sie** abschließend mit Regenwasser. Dadurch wird nicht nur der Wurzelballen befeuchtet, sondern es werden auch große Hohlräume geschlossen und das Substrat umgibt die Wurzeln.

- **Düngen Sie:** Wenn Sie keine mineralischen Dünger verwenden möchten, muss die Oberfläche des Bodens um die Pflanze herum mit gut verrottetem Rinderdung angereichert werden. Dieser Mist muss vor Gebrauch mindestens zwei Jahre im Freien gelagert worden sein. Er darf nicht in Berührung mit der Borke oder den Blättern kommen, die sonst verbrennen würden.

- **Mulchen Sie** die Bodenoberfläche um die Pflanze mit sauer wirkendem Mulchmaterial: mit halb verrotteten Eichenblättern oder Rindenmulch.

WANN PFLANZE ICH BALLENWARE?

Das Pflanzen findet nach dem Laubfall im Herbst oder vor dem Austrieb im Frühjahr statt. Die Pflanze muss mehrere gut verzweigte Triebe haben und das Wurzelgeflecht muss gut ausgebildet sein, darf aber keinesfalls verfilzt sein. Man sollte besser keine zu große (also zu alte) Pflanze setzen; eine junge gewöhnt sich leichter an die neue Umgebung.

WANN PFLANZE ICH CONTAINERWARE?

Pflanzen im Container haben den Vorteil, dass sie das ganze Jahr über gesetzt werden können (außer bei Trockenheit und Frost) und dass man sie aussuchen kann, wenn sie blühen. Vor dem Kauf sollte man die Pflanze aus dem Topf nehmen, um zu prüfen, ob die Wurzeln gesund und nicht verfilzt sind. Pflanzen mit nur einem Trieb sollten Sie meiden. Das Substrat sollte weder aus reiner Kiefernrinde noch aus reinem Torf bestehen, denn dann wird das Anwachsen sehr schwierig, wenn nicht gar unmöglich. Diese Pflanzen, die über eine Tröpfchen-Bewässerung ernährt und gewässert worden sind, besitzen ein Wurzelsystem, das Wasser und Nährstoffe erst nach einer langen Umgewöhnungszeit direkt der umgebenden Erde entnehmen kann.

H. serrata 'Blue Bird'

HORTENSIEN PFLANZEN

Der für eine Pflanze gewählte Standort muss ihrem natürlichen Standort so weit wie möglich entsprechen. Diese einfache Regel erlaubt es, optimale Schönheit und Gesundheit der Pflanze zu gewährleisten und auch die Kosten für die Pflanzung in Grenzen zu halten. Einige Maßnahmen müssen Sie vor dem Pflanzen ergreifen:

Pflanze mit Ballen: Die Wurzelspitzen können beschädigt sein, weshalb Sie sie mit einer Gartenschere entfernen.

Pflanze im Container: Es kommt häufig vor, dass die Pflanzen nicht in regelmäßigen Abständen umgetopft worden sind. Die Wurzeln kleben also verfilzt an der Wand des Containers.

In neutralen oder kalkhaltigen Boden pflanzen

- Bei den meisten Hortensien-Arten kann das Pflanzen in neutralen oder alkalischen (kalkhaltigen) Boden nicht ohne Schutz geschehen.
- **Legen** Sie das Loch mit einem Stück schwarzer Gartenfolie aus, die verhindern soll, dass der alkalisch reagierende Boden an die Wurzeln gelangt. Die Folie muss auch die Seitenwände des Loches bedecken und gut über die Oberkante reichen.

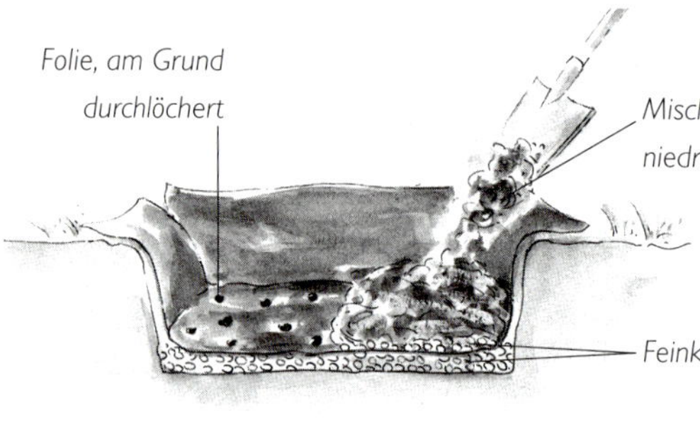

- **Schütten** Sie auf den Grund des ausgekleideten Pflanzlochs eine 10 bis 15 cm dicke Schicht Kies.
- **Schneiden** Sie mit dem Cutter am Lochboden mehrere Löcher mit etwa 2 cm Durchmesser im Abstand von 10 cm in die Folie, um Staunässe zu vermeiden.
- **Füllen** Sie das Loch mit Erde wie bereits geschildert.
- **Schneiden** Sie nach Abschluss der Pflanzung die Folie direkt auf Bodenniveau ab.

Pflanzen in Tontöpfen und Kästen

- Im Grunde ist es genauso wie beim Pflanzen im Freiland: Es muss vor allem darauf geachtet werden, dass das Substrat nicht zu durchlässig ist, denn sonst verfügt die Pflanze nicht über ein ausreichenden Wasserspeicher. Dagegen hemmt eine zu schwere, lehmige Erde die Luftversorgung der Wurzeln.
- **Hohe und breite Kübel** verhindern rasches Austrocknen des Substrates, egal, wie groß die Pflanze anfänglich ist. Säubern Sie die Töpfe zuvor gründlich.
- **Im Herbst** werden die Pflanzen vor dem Frost vorsichtig aus dem Topf genommen. Wenn nötig, tränkt man den Wurzelballen gründlich, damit er weicher wird. In eine Mauerecke wird in einem Winkel von etwa 45° ein Haufen gut durchlässigen Substrats geschüttet. Man stellt die Ballen der Pflanzen in dieses Substrat, das man dann leicht festdrückt und mit einer dicken Mulchschicht aus Laub, Stroh oder Heu bedeckt, um sie vor Kälte zu schützen. Die Töpfe werden unter fließendem Wasser sorgfältig gereinigt und dann eingelagert.
- **Im Spätwinter oder im Frühling** erfolgt das Wieder-Eintopfen in Gegenden mit milden Wintern im Februar, in den anderen im April oder Mai. Dabei wird die äußere Erdschicht der Wurzelballen aufgelockert, damit die Pflanzen schneller Kontakt mit dem neuen Substrat bekommen.
- **Schnitt und Pflege** erfolgen genauso wie bei den Pflanzen im Freiland.
- **Gießen** Sie mindestens zweimal wöchentlich und in Trockenperioden erheblich häufiger, je nach Bedarf der Pflanze.

Sie müssen unbedingt mit einem scharfen Messer durchgetrennt werden: Nehmen Sie vier Einschnitte in gleichem Abstand von oben bis unten vor. Entlang dieser Einschnitte werden die Wurzeln entwirrt, und die Pflanze wird mindestens zwei Stunden lang in einen Eimer mit Regenwasser gestellt. Nach dem Pflanzen wird der Boden reichlich mit Regenwasser gegossen. Konstante Feuchtigkeit im Wurzelbereich fördert die Neubildung der wichtigen Haarwurzeln und damit das Wachstum; decken Sie deshalb den Boden mit einem organischen Mulchmaterial ab. Im ersten Jahr müssen die Pflanzen besonders gut beobachtet werden, denn sie sind empfindlicher gegenüber Kulturfehlern.

WASSER UND GIESSEN

Hortensien darf es nie an Wasser fehlen, doch man muss auch vermeiden, dass sich dieses im Boden staut. Im Übrigen darf das Gießwasser nicht alkalisch sein.

BESCHAFFENHEIT DES WASSERS

Städtisches Leitungswasser ist in der Regel alkalisch oder sogar stark alkalisch (man spricht dann von »hartem« Wasser). Es ist also schädlich für Säure liebende Pflanzen, denn es reichert das Substrat mit Basen an. Selbst nach Beigabe von Säure (wie Essig oder Zitronensaft) bleiben die basischen Elemente erhalten. Sie werden nur eine Zeitlang weniger gut durch die Wurzeln aufgenommen.

Regenwasser hat im Optimalfall einen neutralen pH-Wert (7) und beeinflusst daher nicht den pH-Wert des Substrats. Verwenden Sie also lieber Regenwasser als Leitungswasser. Allerdings liegt der pH-Wert des in gemauerten Zisternen aufgefangenen Regenwassers durch Mörtel oder Zement fast immer im alkalischen Bereich. Deshalb sind moderne Behälter aus Plastik besser: Sie haben keinen Einfluss auf den pH-Wert ihres Inhalts.

Im Topf oder im Blumenkasten müssen Hortensien außer bei Regenperioden mindestens zweimal wöchentlich gegossen werden – bis zu zweimal täglich, wenn es sehr trocken ist. Nur in trockenem Klima ist es empfehlenswert, den Untersetzer mit Wasser gefüllt zu lassen. Staunässe ist auf jeden Fall zu vermeiden. Hier die Sorte 'Hermann Dienemann' (siehe Seite 38)

WIE OFT WIRD GEGOSSEN?

Im Winter müssen sommergrüne Pflanzen nicht gegossen werden, denn sie sind in ihrer Vegetationsruhe. Es reicht, wenn ihr Substrat gerade etwas feucht bleibt. Im Sommer hingegen brauchen alle Hortensien sehr viel Wasser, und sie sollten nie dursten müssen. Glücklicherweise sind dies Pflanzen, die »sprechen«: Die Blattstiele werden bei durstigen Pflanzen weich und die Blätter hängen herab. Auf keinen Fall darf sich das Substrat trocken anfühlen! Man gießt am Fuße der Pflanze, ohne das Laub nass zu machen. Pflanzen in Töpfen verlangen ganz besondere Aufmerksamkeit.

DÜNGEN

Außer in der frühen Jugend und der Pflanzzeit ist der beste Dünger für Hortensien gut abgelagerter Rinderdung (anderer Mist ist alkalisch). Dieser Dung enthält lebensnotwendige chemische Elemente und viele Humusbestandteile. Der Mist wird außer bei sandiger Erde nicht untergearbeitet, sonst kann er nicht ordentlich verrotten (er bekommt keine Sauerstoffzufuhr). Im Herbst breitet man nach oberflächlicher Bodenbearbeitung mit dem Gartenkrail und anschließendem Gießen den Mist einige Zentimeter dick ringförmig um die Pflanze aus. Abschließend wird er mit einer Mulchschicht aus halbverrottetem Laub bedeckt.

Wer nicht über Rindermist verfügt, wird auf handelsübliches Düngergranulat (speziellen Hortensiendünger) zurückgreifen. Die Herstellerangaben zur Dosierung müssen unbedingt eingehalten werden. Alle festen Dünger werden leicht in den Boden eingearbeitet und dürfen nie in direkten Kontakt mit den Pflanzen kommen.

Für Pflanzen in Töpfen kann man Flüssigdünger verwenden, die zwar teurer sind, aber flexibler in der Anwendung. Auch hier muss ein spezieller Hortensiendünger oder Dünger »für Säure liebende Pflanzen« ausgewählt werden, der nach Herstellerangaben in Wasser aufgelöst wird.

Im Allgemeinen wird ab August, eventuell sogar Juli, nicht mehr gedüngt, denn das könnte leicht das vollständige Ausreifen der grünen Triebe behindern. Vor dem Düngen muss stets reichlich gegossen werden, damit die Oberflächenwurzeln nicht verbrennen.

Bei richtiger Pflege sind Hortensien sehr blühfreudig und dekorativ.

SCHNITTMETHODEN

Viele Gärtner meinen, dass ein Rückschnitt bei Hortensien erfolgen muss, ohne genau die Gründe zu kennen. Bei Rosen beispielsweise mag ein Rückschnitt häufig notwendig sein, um größere Einzelblüten oder mehr Blütenfülle zu erzielen, doch bei den Hortensien ist er oft unnötig. *H. macrophylla* und mehrere andere Arten tragen ihre Blütenstände am Ende der vorjährigen Zweige; die Triebe einzukürzen führt dazu, dass sie in der darauffolgenden Saison nicht blühen.

Hingegen sind bestimmte Schnitte bei allen Hortensien-Arten nützlich: Das sind das Entfernen verwelkter Blütenstände, der Säuberungsschnitt, der Verjüngungsschnitt und ausnahmsweise der Rückschnitt auf eine gewünschte Höhe. Diese verschiedenen Schnittarten müssen im Herbst nach dem Abwerfen der Blätter erfolgen.

ENTFERNEN DER BLÜTENSTÄNDE

Im Spätherbst oder am Winteranfang müssen die vertrockneten Blütenstände der Hortensien über dem obersten Blattknospenpaar abgeschnitten und vernichtet werden.

Manchmal wird dazu geraten, mit diesem Schnitt auf den Frühling zu warten. Erfahrungsgemäß wird jedoch dadurch die Gefahr eines Grauschimmel-Befalls erheblich vergrößert. Tatsächlich finden die Sporen dieses Pilzes in den trockenen Blütenständen einen idealen Unterschlupf für den Winter und werden, kaum dass der Austrieb begonnen hat, mit der wiederkehrenden Wärme sowie der herrschenden Feuchtigkeit wieder aktiv und befallen die ganze Pflanze. Außerdem ist die Gefahr in dieser Zeit größer, die angeschwollenen und empfindlichen Blütenknospen zu verletzen.

DER SÄUBERUNGSSCHNITT

Jeden Herbst müssen die Pflanzen inspiziert werden. Alle beschädigten, kümmernden oder missgebildeten Teile müssen entfernt werden. Wenn zwei Äste aneinander reiben, schneidet man den nach innen zeigenden oder den weniger schönen der beiden ab, denn das Reiben verletzt die Borke und öffnet so Krankheiten Tür und Tor.

Pflanzen, deren Inneres zu dicht ist, müssen ausgelichtet werden: Durch das Entfernen von Ästen und Zweigen an der Basis im Inneren stellt man eine Art »Kamin« her: So können Luft und Licht im Herzen des Strauches zirkulieren.

Der Verjüngungs- oder auch Auslichtungsschnitt sollte bei allen Hortensien durchgeführt werden, um Vergreisungen vorzubeugen. Dazu entfernt man aus der Mitte heraus jährlich einen von drei oder vier der ältesten Triebe.

DER VERJÜNGUNGSSCHNITT

Wenn die Triebe von Hortensien nach vier bis fünf Jahren zu altern beginnen, sind sie reich verzweigt und tragen viele Blütenstände, die aber kleiner ausfallen. Deshalb entfernt man jedes Jahr einen von drei oder vier Trieben, wobei man mit den ältesten und am stärksten gewundenen beginnt und von der Mitte der Pflanze ausgeht. So erneuert sich der Strauch von einem Jahr zum nächsten.

DER RÜCKSCHNITT

Arten, die am diesjährigen Holz blühen, können problemlos im zeitigen Frühjahr gestutzt werden, wenn sie für ihren Standort zu hoch werden. Bei am vorjährigen Holz blühenden Pflanzen kann man einige Haupttriebe über einer Verzweigung einkürzen. Dabei muss aber darauf geachtet werden, dass die Nebentriebe auch Blütenknospen tragen: Sie sind geschwollener und größer als die anderen. Dieser Schnitt muss vorsichtig durchgeführt werden, um die kommende Blüte nicht gänzlich zu vernichten.

Blau, Violett oder Rosa – wann erhält man welche Farbe?

Die Ausfärbung der Hortensienblüten ist nicht konstant. Diese sehr seltene Besonderheit trägt noch zu ihrem Reiz bei. Garten-Hortensien mit kugeligen oder flachen Dolden, *H. serrata* sowie viele Japanische Hortensien können rosa, violett oder blau sein, je nach vorherrschenden Bodenverhältnissen. Der Gärtner kann sie also in der Farbe seiner Wahl ziehen: Er muss nur den Säuregehalt und die Beschaffenheit des Bodens an die gewünschte Farbe anpassen.

• Blau

Hortensienblüten werden schön blau, wenn zwei Bedingungen zusammentreffen:

– der Boden muss Aluminium enthalten

– er muss sauer sein (pH-Wert zwischen 4 und 5,5), was die Aluminiumaufnahme durch die Wurzeln ermöglicht.

In Regionen, wo diese Bedingungen nicht natürlicherweise vorherrschen, muss man Pflanzlöcher oder -gräben mit Folie auslegen und mit einer sauren Erdmischung füllen. Weiß- und Schwarztorf sind die beiden sauersten Substrate; anstelle von im Handel kaum erhältlichem Schwarztorf können Sie auch ungekalkten Rindenhumus nehmen. Dazu gibt man etwa 1/4 Gartenerde, damit die Beschaffenheit der Mischung ausgewogen ist. Die Volumenanteile der Mischung sind: 1/2 ungekalkter Rindenhumus, 1/4 Weißtorf, 1/4 fruchtbare Gartenerde. Zu dieser Mischung gibt man 0,2 % Alaun (aus der Apotheke), das das für die Blaufärbung notwendige Aluminium enthält. Um die blaue Farbe zu erzielen, ist es wichtig, immer nur mit Regenwasser zu gießen und später einen speziellen Dünger für blaue Hortensien zu verwenden, der ein Aluminium-Derivat enthält.

• Violett

Der pH-Wert des Bodens muss zwischen 5,6 und 5,9 liegen. Das Aluminium ist weniger verfügbar als in einem saureren Substrat und die Farbe bleibt zwischen blau und rosa. Allerdings mögen viele Gärtner diese Farbe nicht.

• Rosa

Die Aufnahme des Aluminiums muss verhindert werden. Also versucht man, ein wenig saures Substrat zu erhalten (pH-Wert zwischen 6 und 6,2). Dazu gibt man eine kleine Menge (0,1 bis 0,3 %) kohlensauren Kalk zu der Mischung. Wenn die Hortensien nicht den gewünschten Farbton annehmen, muss der pH-Wert allmählich korrigiert werden, indem man jedes Jahr die Menge dieses Mittels vorsichtig steigert. Man darf dabei aber nicht vergessen, dass zu viel Kalk Bleichsucht durch Eisenmangel hervorruft; die Veränderung des pH-Wertes muss also stufenweise erfolgen. Die Hortensien, die rosa bleiben sollen, müssen mit einem speziellen Dünger für rosafarbene Hortensien gedüngt werden.

HORTENSIEN ZUM BLÜHEN BRINGEN

Drei Gründe sind häufig die Ursache dafür, dass die Blüte nicht so schön ausfällt: falscher Schnitt, Frost im Frühjahr und zuviel Stickstoffdünger.

FALSCHER SCHNITT

Es ist wichtig zu wissen, dass Hortensien zwei Gruppen bilden: die einen blühen am Ende der diesjährigen Triebe, die anderen an den vorjährigen Zweigen. Vor allem in der zweiten Gruppe kann ein falscher Schnitt zum Ausfall der Blüte führen.

Hortensien, die am einjährigen (diesjährigen) Holz blühen:
Alle Japanischen Hortensien, *H. arborescens* und *H. paniculata* (außer *H. paniculata* 'Praecox' und *H. paniculata* 'Daruma').

Hydrangea paniculata (hier die Sorte 'Floribunda') blühen allesamt am einjährigen Holz. Sie können also zur Förderung der Blütenfülle im Herbst oder im darauf folgenden Frühjahr zurückgeschnitten werden.

Die Pflanzen dieser Gruppe vertragen einen Schnitt, manchmal sogar einen kräftigen Rückschnitt. Sie können im zeitigen Frühjahr, in wintermilden Regionen auch schon im Herbst bis auf etwa 30 cm Höhe gekürzt werden. Die Blütenstände der folgenden Saison sind dann weniger zahlreich, aber riesig; meist zieht ihr Gewicht die Triebe herunter, so dass sie gelegentlich gestützt werden müssen.

Nur Japanische Hortensien, *H. paniculata* (außer den Sorten 'Praecox' und 'Daruma') und *H. arborescens* können im Herbst oder darauf folgendem Frühjahr großzügig zurückgeschnitten werden.

Hortensien, die am zweijährigen (vorjährigen) Holz blühen: Die meisten Garten-Hortensien mit kugeligen und flachen Blütenständen, *H. serrata*, Kletter-Hortensie, Samt-Hortensien, *H. involucrata*, *H. quercifolia*, *H. heteromalla* und *H. paniculata* 'Praecox'.

Die Pflanzen dieser Gruppe werden nie zurückgeschnitten, außer vielleicht schwach entwickelte oder befallene Triebe. Eventuell kann ein behutsamer Rückschnitt durchgeführt werden, die Blüte wird dann aber weniger üppig ausfallen.

Damit kein Fehler unterläuft: Eine guter Kompromiss für die beiden Pflanzengruppen besteht darin, nur den Verjüngungsschnitt durchzuführen, den man mit dem Säuberungsschnitt kombinieren kann (siehe Seite 20f.).

FROST IM WINTER UND IM FRÜHJAHR

Ein anderer häufig vorkommender Grund für kümmernde oder fehlende Blüten sind tiefe Wintertemperaturen und Frühjahrsfrost. Wenn Frost auch wenig die Pflanzen der ersten Gruppe beeinträchtigt, deren Blütenknospen sich spät bilden, so kann er die der zweiten Gruppe stark schädigen, hauptsächlich die Pflanzen der Art

H. macrophylla und ihre Sorten, deren Gewebe sehr wasserhaltig ist. In den Gegenden mit regelmäßig oder doch häufig auftretendem Frost im Winter und Frühjahr ist es klüger, auf frostempfindliche Arten zu verzichten. Wer farbkräftige Blütenstände haben möchte, muss dann Japanische Hortensien pflanzen.

ZUVIEL STICKSTOFFDÜNGER

Hortensien mögen zwar viel Stickstoff, aber die Schwierigkeit besteht darin, ihnen mit der Start- und Pflege-Düngung in vernünftigem Maße welchen zu liefern. Eine mit Stickstoff überversorgte Pflanze sieht mit ihren breiten, dunkelgrünen Blättern knackig gesund aus, blüht aber häufig nicht. Bei einem übermäßig starken vegetativem Wachstum unterbleibt in der Regel die Ausbildung von Blütenknospen, nicht nur bei Hortensien. Nur bei einer ausgewogenen Ernährung ist mit einer reichen Bildung von Blütenknospen zu rechnen.

Garten-Hortensien (*H. macrophylla* und ihre Sorten) blühen am zweijährigen Holz. Man darf sie also keinesfalls zurückschneiden, denn sonst blühen sie nicht. Ein gelegentlicher Auslichtungs- oder Verjüngungsschnitt genügt.

HORTENSIEN AUF TERRASSE UND BALKON

Auf Balkon und Terrasse werden die Pflanzen entweder in Töpfen oder auf Beeten gezogen. Meist sind Balkone nach Süden ausgerichtet, und das bedeutet schwierige Wachstumsbedingungen für Hortensien. Doch unabhängig von der Himmelsrichtung trocknet das Substrat sehr stark und schnell aus und verlangt die Auswahl besonders widerstandsfähiger Pflanzen. Die geeignetsten Arten sind *H. paniculata*, *H. anomala* subsp. *petiolaris* und von *H. macrophylla* die Sorte 'Mme Emile Mouillère'. Reichliches Gießen und Sprühen ist notwendig, vor allem in Großstädten, wo die Luft besonders trocken ist. Die Pflanzen sollten möglichst einen Teil des Tages vor direkter Sonne geschützt werden, damit die Blüten lange schön bleiben. Man kann bei der Art *H. arborescens* die Sorten 'Grandiflora' und 'Annabelle' ausprobieren, jedoch muss dann der Standort so eingerichtet werden, dass sie vor 11 Uhr vormittags keine Sonne bekommen.

An lufttrockenen Standorten muss besonders mit dem Auftreten von Roter Spinne gerechnet werden, aber auch mit anderen Kulturproblemen. Es ist also große Aufmerksamkeit nötig und tägliches Überprüfen fast unverzichtbar. Bei Abwesenheit setzt man am besten ein automatisches Bewässerungssystem ein.

HORTENSIEN VERMEHREN

Hortensien werden hauptsächlich vegetativ vermehrt. Die Aussaat ist meist Züchtern vorbehalten, die so neue Sorten entwickeln.

STECKLINGE

Von Hortensien lassen sich sehr leicht Stecklinge herstellen, vor allem von Garten-Hortensien mit kugeligen oder flachen Blütenständen, von *H. serrata* und Japanischen Hortensien.

Vermehrung durch Stecklinge

1. Vorbereitung der Stecklinge

- Nehmen Sie von gesunden, kräftigen Mutterpflanzen im Mai oder Juni Stecklinge am Triebende ab. Alle Werkzeuge müssen zuvor sorgfältig mit Alkohol oder in der Flamme desinfiziert werden.

- Schneiden Sie die Zweigspitze ab und lassen Sie mindestens drei Blattpaare stehen. Bei Pflanzen mit dünnen Trieben kann man die Zahl der Blattpaare verdoppeln.

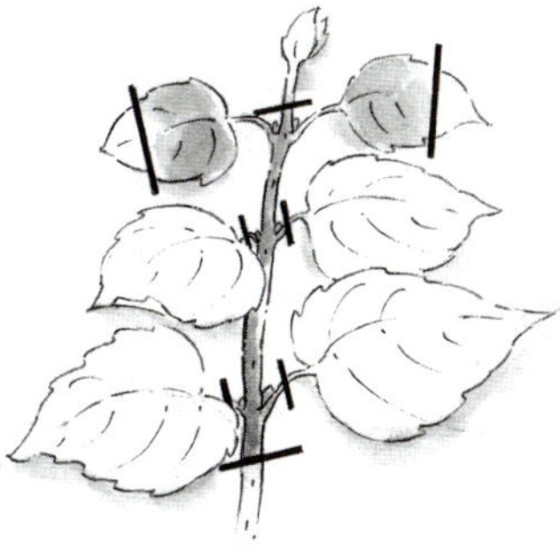

- Entfernen Sie alle Blätter außer den obersten, indem Sie die Blattstiele etwa 0,5 cm vom Trieb entfernt abschneiden.
- Durchtrennen Sie die oberen Blätter in der Mitte, um die Wasserverdunstung zu reduzieren. Wenn die Spitze des Stecklings eine Blütenknospe trägt, muss diese mit dem Daumennagel entfernt werden. Lassen Sie etwa 1 cm Trieb unter dem untersten Knoten stehen.
- Stellen Sie die sorgfältig feucht gehaltenen Stecklinge in das Substrat der Töpfe oder Kästen. Setzen Sie sie so tief ein, dass das Substrat zwischen den obersten beiden Knoten ist. Die darüber liegenden Augen dürfen das Substrat nicht berühren, sondern müssen mindestens 2 bis 3 cm herausschauen, denn sonst können sie leicht verfaulen und die Gesundheit der Stecklinge gefährden. Die Verwendung von Bewurzelungshormonen ist in der Regel nicht nötig. Bis zu ihrer Bewurzelung stehen die Stecklinge unter Glas (Gewächshaus, Frühbeetkasten) oder Kunststofffolie (Haus oder Folientunnel) bei einer sehr hohen relativen Luftfeuchtigkeit.

2. Vorbereitung des Substrats

- Verwenden Sie fruchtbare, lockere Gartenerde als Grundlage. Nur ihr pH-Wert, der meist zu alkalisch ist, muss durch die Zugabe eines sauren Substrats (Torf, ungekalkter Rindenhumus) korrigiert werden.
- Mischen Sie $^1/_3$ dieser Erde, $^1/_3$ Sand und $^1/_3$ des sauren Substrats. Die Anteile dienen lediglich als Richtschnur. Im Erwerbsgartenbau wird in der Regel als Substrat ein Weißtorf-Sand-Gemisch im Verhältnis 4:1 mit einem pH-Wert von 4,5 bis 5 verwendet. Achten Sie auf den Wasserabfluss in den Töpfen (Tonscherben usw.).

3. Gießen

- Gießen Sie unbedingt das Substrat gleich nach dem Pflanzen.
- Halten Sie es feucht, aber ohne zu übertreiben. Das abgeflossene Gießwasser darf nicht stehen bleiben.

Immergrüne Hortensien, die nur sehr langsam neue Wurzeln bilden, werden besser durch Absenker vermehrt.

ABSENKER

- **Schneiden** Sie im April, Mai oder Juni (je nach Klima und gewählter Art) die Rinde an der Unterseite einzelner Zweige kreuzförmig ein.
- **Entfernen** Sie einige Zentimeter Erde am Berührungspunkt mit dem Boden, halten Sie den Zweig mit einem Drahthaken am Boden fest und bedecken Sie die Stelle mit Erde. Ein dicker Stein kann den Haken ersetzen.

- **Aufgerichtet und abgestützt** wird der Teil hinter dem Einschnitt.
- **Belassen** Sie den Absenker etwa zwei Jahre an Ort und Stelle; danach sind die Wurzeln ausreichend entwickelt, so dass der Absenker von der Mutterpflanze getrennt und umgepflanzt werden kann.

TEILUNG

Obwohl viele Pflanzen auf diese Weise vermehrt werden können, eignen sich *H. arborescens* und einige Sorten von *H. serrata* von Natur aus am besten dazu, da sie von selbst Ausläufer bilden.

- **Graben** Sie die Wurzelballen der zu vermehrenden Pflanze zum Frühlingsbeginn aus.
- **Entfernen** Sie vorsichtig die an den Wurzeln haftende Erde und teilen Sie den Ballen mit dem Spaten in zwei oder vier Teile.
- **Pflanzen** Sie jede geteilte Pflanze an den dafür vorgesehenen Standort.
- **Gießen** Sie gründlich gleich nach dem Pflanzen wie auch an den folgenden Tagen.

Hortensien für Sonne und Halbschatten

In diesem Teil haben wir die Hortensien vor allem nach optischen und praktischen Gesichtspunkten geordnet. Die Mehrzahl muss im Halbschatten gezogen werden.
Einige hingegen vertragen oder brauchen direktes Sonnenlicht. Sie bilden die beiden letzten Gruppen dieses Teils. Es werden hier nur zur Zeit im Handel verfügbare Hortensien vorgestellt.

HORTENSIEN FÜR DEN HALBSCHATTEN

HORTENSIEN FÜR DIE SONNE

Hortensien mit kugelförmigen Blütenständen

H. MACROPHYLLA UND IHRE SORTEN, *H.* 'PREZIOSA'

Ohne Übertreibung sind diese Hortensien in der ganzen Welt die bekanntesten und meistgezogenen. Weil ihre kugeligen Blütenstände sehr dekorativ und diese Pflanzen leicht zu ziehen sind, nehmen sie einen Ehrenplatz im Herzen der Gärtner ein.

ALLGEMEINE MERKMALE

Kultur: Sehr einfach.
Blütezeit: Anfang Juli bis Ende September.
Blühdauer: Bei manchen Sorten bis zu drei Monate.
Besonderheiten: Sie können entweder am diesjährigen oder am vorjährigen Holz blühen, je nach Abstammung.
Geografische Herkunft: Die Vorfahren unserer Sorten stammen aus Japan.
Klima: Gemäßigtes, wintermildes oder ozeanisch beeinflusstes Klima.

BESONDERE KULTURBEDINGUNGEN

Temperatur: Triebe und Blütenknospen können durch tiefe Wintertemperaturen und Frühjahrsfrost stark beschädigt werden.
Licht: Dies sind Pflanzen für den Halbschatten, doch brauchen sie ausreichende Helligkeit, um schön zu blühen.
Wasser: Wenn sie kein neutrales oder leicht saures Wasser bekommen, leiden sie unter Bleichsucht.
Gießen: Reichlich, besonders in den ersten Jahren.
Luftfeuchtigkeit: Hohe Luftfeuchtigkeit gewährleistet eine längere Blühdauer.
Stützen: Nicht erforderlich.
Substrat: Wie das Wasser muss es sauer genug sein, sonst droht Chlorose.
Dünger: Stickstoffreich, aber in vernünftigen Mengen. Zuviel Stickstoff schadet der Blüte.
Besondere Pflege: Die Farbe der Blütenstände hängt vom Boden ab: Ein sehr saurer Boden (ph-Wert 4,5) und Aluminium (natürliches oder in Form von Alaun), gewährleistet eine schöne Blautönung, sonst sind die Blüten violett oder rosa.
Vermehrung: Durch Stecklinge von grünen oder holzigen Trieben, die sehr leicht herzustellen sind.
Sträuße: Die Blütenstände werden häufig für Trockensträuße verwendet.

◀ Seite 30: Garten-Hortensien sind seit über einem Jahrhundert in unseren Gärten verbreitet und bleiben die bekanntesten Vertreter ihrer Gattung.

ANMERKUNG

Die Sorten der Garten-Hortensie (*H. macrophylla*) werden in Deutschland vorwiegend als Topfpflanzen kultiviert. Als Gartenpflanzen können die meisten Sorten nur in wintermilden Regionen vorbehaltlos empfohlen werden. Ihre jungen Zweige werden bei tiefen winterlichen Temperaturen stark beschädigt und frieren oft bis zum Boden zurück. Damit werden auch die schon im Herbst an den jungen Zweigenden angelegten Blütenknospen zerstört, die Blüte fällt für das laufende Jahr aus. Zu den winterhärtesten Sorten gehören 'Bouquet Rose', 'Mme Emile Mouillère' (blühen an einjährigen Trieben), 'Générale Vicomtesse de Vibraye' und 'Lanarth White'.

SORTEN VON *H. MACROPHYLLA*

'AYESHA'

Eine alte japanische Sorte, die häufig um die Tempel herum gepflanzt wurde. Sie scheint das Ergebnis einer Mutation zu sein. Ihre fast kugelförmigen hellrosa Blütenstände tragen merkwürdig geformte sterile Blüten: Ihre Kelchblätter sind gebogen wie winzige Löffel. Sie erinnern an die Einzelblüten in den Blütenrispen des Flieders. Diese

◄ 'Ayesha' ▼

◄ 'Domotoi'

Sorte ist gegenüber Winter- und Frühjahrsfrost recht empfindlich, sie ist aber sehr blühfreudig, wenn sie nicht darunter zu leiden hat. Die Blütenstände können hellblau sein, wenn man den Strauch in recht saurem Boden zieht. Er wird selten über 1,30 m hoch.

'DOMOTOI'

Diese Pflanze ist eine der seltsamsten Hortensien, die es gibt. Ihre Blütenstände bestehen aus unregelmäßigen, reich gefüllten sterilen Blüten. Die Triebe tragen manchmal zu dreien zusammenstehende Blätter. Dies ist eine alter japanische Sorte, die sichtlich Träger einer genetischen Anomalie ist.

Sie wurde zu Beginn des 20. Jahrhunderts durch den japanischen Baumschulgärtner Domoto-san in den USA eingeführt.

'NIGRA'

Seit dem Ende des 19. Jahrhunderts ist diese Sorte bekannt. Sie ist empfindlich gegenüber Frühjahrsfrost und trägt regelmäßige, halbkugelförmige Blütenstände in blassem Rosa oder Blau. Ihre Triebe sind sehr auffällig, weil sie durch ihre dunkelviolette Tönung wie schwarz aussehen – daher der botanische Name. Das grüne Laub schafft einen Kontrast, der diesen Eindruck noch verstärkt. Die Pflanze scheint nicht über 1,40 m hoch zu werden.

'Nigra' ►

'OTAKSA'

PHILIPP FRANZ VON SIEBOLD fand diese Pflanze in einem japanischen Garten und taufte sie zu Ehren seiner japanischen Geliebten »O-Taki-san«. Ihre fast kugelförmigen Blütenstände in Blassrosa oder -blau können so groß werden wie ein Menschenkopf. Die verkehrt-eiförmige Form der jungen Blätter unter dem Blütenstand ist typisch. Der Strauch kann 2 m hoch werden. Die Blüte beginnt meist um Ende Juli/Anfang August.

▲ 'Otaksa'

▼ 'Bouquet Rose'

'BOUQUET ROSE'

Die seit 1907 bekannte Sorte 'Bouquet Rose' entwickelt kugelige Blütenstände, die 12 bis 20 (25) cm Durchmesser besitzen können. Sie sind dicht mit sterilen, 2,5 bis 6 cm breiten Blüten besetzt. In Ab-

hängigkeit von der Bodenreaktion variiert deren Farbe von rosa über lilarosa bis hell türkisblau.
Der Blütenansatz ist außergewöhnlich gut. Die Blütezeit dauert von Juni bis September. Der kleine, dichtbuschige Strauch wird 1 bis 1,5 m hoch, er hat etwas dünne, instabile Zweige. Die Sorte ist als Freilandpflanze sehr zu empfehlen, weil sie auch an den einjährigen Trieben blüht.

'ALBRECHTBURG'

Weniger bekannt als die vorangehenden, weist diese Sorte riesige kugelförmige Blütenstände in einem schönen, leuchtenden Hellrosa auf, deren sterile Blüten tief gezähnte Kelchblätter aufweisen. Die Blütenknospen dieser wunderschönen Blütenstände vertragen Frost im Winter und Frühjahr schlecht. Diese Pflanze, die selten über 1,50 m hoch wird, ist milden Klimagebieten vorbehalten.

▼ 'Albrechtburg'

'BODENSEE'

Ein beeindruckender, breiter Strauch mit kräftigem Holz und aufrechtem Wuchs, oft über 2 m hoch. Seine dicken Blütenstände in leicht abgeflachten, regelmäßigen Kugeln tragen breite sterile Blüten mit abgerundeten Kelchblättern. Diese sehr auffälligen Blütenstände stehen deutlich über dem Laub. Die mittelgrünen Blätter sind breit und sehr gesund. Die Blüte kann malvenfarben/violett oder klar rosa sein, in sehr saurem Boden ist sie aber von einem schönen Blau.

▲ 'Bodensee'

▼ 'Europa' (Herbstfärbung)

'EUROPA'

Oft wird diese Sorte wegen ihrer großen Blühfreudigkeit und Robustheit für Grünanlagen verwendet; bemerkenswert an ihr sind die abwechselnd grünen und dunkelbraunen Internodien der Zweige.

Ihre Höhe kann bei guten Kulturbedingungen über 2 m betragen. Ihre Blütenstände, die sehr breit werden können, neigen dazu, einen Malventon anzunehmen, den nicht jeder mag. Sie lässt sich sehr leicht vermehren, was ebenfalls ihren Erfolg erklärt. Am Saisonende blüht sie noch einmal nach.

'FUJIJO'

Diese Sorte gehört zu der neueren in Japan gezüchteten Serie »Japanese Ladies«, von denen jede Pflanze eine seltene Besonderheit aufweist: Die Kelchblätter der sterilen Blüten sind zweifarbig. Hier sind die dunkelrosa bis violetten Kelchblätter weiß gesäumt. Die ballförmigen Blütenstände sind dicht, aber die Blüte lässt oft zu wünschen übrig, denn die Pflanze ist, wie alle Sorten dieser Serie, empfindlich gegenüber Kälte und Krankheiten.

▲ 'Fujiyo'

'GÉNÉRALE VICOMTESSE DE VIBRAYE'

Bei Liebhabern gut bekannt ist diese kleinwüchsige Pflanze mit der üppigen Blüte und kugeligen Blütenständen. Ihre Winterhärte und die Leichtigkeit, mit der sie sich blau färbt, haben ihr von ihrer »Geburtsstunde« bis heute unablässigen Erfolg gesichert. Ihre Blütenstände eignen sich sehr gut für die Herstellung frischer und getrockneter Sträuße. Diese Letzteren bewahren ihr schönes Rosa oder Hellblau etwa ein Jahr lang, wenn sie nicht der Sonne ausgesetzt sind. Die Pflanze ist wenig empfindlich gegenüber Schädlingen und Krankheiten.

'Générale Vicomtesse de Vibraye' ▶

▲ 'Hermann Dienemann' mit 'Nymphe' im Vordergrund in der Sammlung »Shamrock« im französischen Varengeville-sur-Mer (siehe auch Foto Seite 17).

'HERMANN DIENEMANN'

Der deutsche Züchter gleichen Namens hat diese Pflanze geschaffen, die auch unter ihrem Synonym 'Leuchtfeuer' bekannt ist. Ihre zahlreichen Blütenstände in einem schönen Rot und regelmäßiger Form haben sie beliebt und bekannt werden lassen. Gegenüber Frühlingsfrösten ist sie etwas empfindlich.

'MME EMILE MOUILLÈRE'

Eine Sorte mit kräftigem Holz und glatten, dunkelgrünen Blättern. Ihre große Blühfreudigkeit, die in einer fast die ganze Saison dauernden Blütezeit zum Ausdruck kommt, ihre Unempfindlichkeit gegenüber Kälte und ihre Blüte am einjährigen sowie auch am zweijährigen Trieb haben sie von Anfang an berühmt gemacht. Auch heute noch wird diese Pflanze als »Meisterin aller Klassen« angesehen. Zusätzlich zu den bereits zitierten Qualitäten verträgt sie Standorte in

der vollen Sonne, und ihre weißen Dolden, die sich am Saisonende leicht blassrosa tönen, bleiben lange haften. Der Stauch kann 1,50 m hoch werden.

▲ 'Mme Faustin ▼ Travouillon'

'MME FAUSTIN TRAVOUILLON'

Diese ein wenig in Vergessenheit geratene Sorte verdient es, besser bekannt zu sein. Sie blüht von Juni an, also sehr früh, und ist eine von denen, die sich am leichtesten blau tönen. Ihr Laub ist stets sehr gesund. Ihre Blütenstände in einem schönen Blau verwelken in blassen Grüntönen. Sie halten etwa zehn Tage als frischer Strauß und gehören zu den schönsten für Trockensträuße. Sie blühen sehr üppig und am Saisonende eventuell noch einmal nach. Dieser Strauch wird kaum über 1,20 m hoch. Er muss im Halbschatten gezogen werden.

◄ Seite 38: Im Vordergrund 'Mme Emile Mouillère', gefolgt von 'Preziosa' und 'Mariesii Perfecta' (Syn. 'Blue Wave')

'MATHILDA GÜTGES'

Sehr ausladend ist diese sehr schöne Pflanze mit dem überhängenden Wuchs. Frost im Frühjahr macht ihr kaum etwas aus. Sie ist sehr blühfreudig und bringt kugelförmige, leicht wirkende Blütenstände hervor, die unter guten Bedingungen sehr breit werden können. Die Kelchblätter der sterilen Blüten sind fransig, in saurem Boden kräftig blau, und sie überziehen sich, wenn die Pflanze nicht direktem Sonnenlicht ausgesetzt ist, am Saisonende mit einem Hauch von Grün. Sie wird bis zu 1,70 m hoch.

▲ 'Mathilda Gütges' ▶

'Merveille'

'MERVEILLE'

Diese gedrungene wachsende alte Sorte mit kräftigen Trieben wird noch häufig für eine vorzeitige Blüte gezogen. Ihre dicken, halbkugelförmigen Blütenstände tragen breite sterile Blüten mit abgerundeten Kelchblättern in einem schönen, klaren Rosa. Das hellgrüne Laub bringt die Blütenstände gut zur Geltung. Dies ist eine blühfreudige Pflanze, die kaum über 1,20 m hoch wird. Leider ist sie recht krankheitsanfällig.

'MERVEILLE SANGUINE'

Das ausgereifte Laub dieser Mutation der Sorte 'Merveille' tönt sich purpurrot. Ihre Blütenstände weisen ein kräftiges Rot auf, sind aber häufig nicht sehr zahlreich, denn die Pflanze ist Frost im Frühjahr gegenüber empfindlich. Überhaupt ist dies eine Sorte mit zarter Gesundheit, die dazu neigt, sich alle möglichen Krankheiten zuzuziehen. Damit ihr Laub sich schön färbt, muss sie ausreichend direkte Sonne bekommen, aber nicht vormittags.

'Merveille Sanguine'

'NYMPHE'

Geschaffen durch den Züchter DIENEMANN, besitzt diese Sorte alle Eigenschaften von *H. macrophylla*, einschließlich ihrer geringen Widerstandskraft gegen Kälte. Doch wenn sie keinen Winter- und Frühjahrsfrost bekommt, entschädigen ihre breiten, reinweißen Blütenstände mit den gefransten Kelchblättern und die Herrlichkeit ihrer Blüte reichlich den Liebhaber, der sie in seinem Garten aufnimmt. Sie darf keinesfalls Morgensonne bekommen, damit die Blütenstände lange frisch bleiben. Am Saisonende verleihen karminrote Sprenkel auf den Kelchblättern dieser Pflanze zusätzlichen Reiz.

◄ 'Nymphe' (siehe auch Foto Seite 38) ▼

▲ 'Petite Sœur Thérèse de l' Enfant Jésus'

'PETITE SŒUR THÉRÈSE DE L' ENFANT JÉSUS'

Ihr Name wird oft 'Sœur Thérèse' abgekürzt. Wie die Sorte 'Mme Emile Mouillère', der sie ähnelt, weist diese Pflanze zahlreiche weiße Blütenstände auf. Während jene allerdings ausreichend Licht verlangt, um schön zu blühen, ja sogar volle Sonne verträgt, fühlt sich diese hier im Halbschatten wohler. Sie blüht sogar üppig als Unterpflanzung, allerdings nur einmal im Jahr. Ihr Wuchs ist überhängender als der von 'Mme Emile Mouillère'. Sie kann 1,50 m hoch werden.

'RENATE STEINIGER'

Diese Pflanze wird sehr häufig gezogen, denn sie ist sehr blühfreudig und färbt sich leicht blau. Der ausgewachsene Strauch kann bis zu 2 m hoch werden. Diese Sorte sieht man sehr häufig um den Muttertag herum als blaue Topf-Hortensie. Sie ist kälteresistent.

◄ 'Renate Steiniger' ist eine robuste Pflanze, die lange blüht. Diese Sorte färbt sich in saurem Boden tiefblau.

▲ 'Tovelit' in recht saurem Boden (siehe auch Foto Seite 46).

'TOVELIT'

Unter den Sorten von *H. macrophylla* gibt es nur wenige, die kaum über 60 cm hoch werden. Die, von der hier die Rede ist, zeichnet sich durch die Perfektion und die große Menge ihrer halbkugelförmigen Blütenstände aus. Sie werden aus zahlreichen sterilen Blüten mit spitzen Kelchblättern gebildet und erinnern etwas an Dahlienblüten. Ihre Farbe ist dunkles, kräftiges Rosa, aber je nach Säuregehalt des Bodens kann sie auch violetter oder blauer sein. In Jahren ohne Frühlingsfrost blüht sie so üppig, dass schließlich vor lauter Blüten das Laub kaum noch zu sehen ist!

'WESTFALEN'

Wahrscheinlich ist dies einer der schönsten deutschen Sorten. Die sehr blühfreudige Pflanze zeigt ab Mitte Juli mittelgroße Blütenstände in einem kräftigen Rot, das unvergesslich leuchtet. Allmählich verändert sich diese Farbe, um am Ende der Saison Purpurtöne anzunehmen. Diese Sorte verträgt weder schwere Böden noch direkte Sonne. Es empfiehlt sich also, sie als Unterpflanzung bei ausreichendem Licht in durchlässigem, saurem Boden zu ziehen.

'Altona' ist eine robuste Sorte, die zur gleichen Serie gehört wie 'Europa'. Sie blüht selten vor August, dafür aber bis spät in die Saison hinein. Hier schmückt sie im Halbschatten eine nach Westen liegende Wand des Herrenhauses von Ango im französischen Département Seine-Maritime. ▶

SORTE VON *H. MACROPHYLLA* × *H. SERRATA*

H. 'PREZIOSA'

Bei dieser Sorte erkennt man kaum die Verwandtschaft mit *H. macrophylla.* Dieser kleine, sehr blühfreudige, dünntriebige Strauch wird kaum über 1 m hoch. Seine kleinen, ballförmigen Blütenstände wechseln ihre Farbe von erst Blassrosa über Pink bis hin zu Purpurrot am Saisonende – wie auch sein Herbstlaub. Leider ist er recht häufig Opfer einer Hortensienvirose.

▲ Bei richtiger Pflege ist 'Preziosa' äußerst blühfreudig. Ihre Blütenstände nehmen im Laufe der Saison einen karminroten Farbton an (siehe auch Foto Seite 38).

Hortensien mit teller-förmigen Blütenständen

H. MACROPHYLLA UND IHRE SORTEN, *H. SERRATA*

Alle diese Hortensien tragen Blütenstände in Form flacher Trugdolden, wie sie auch in der Natur existieren. Wegen ihrer Leichtigkeit und ihres natürlichen Aussehens werden sie immer beliebter und immer häufiger gezogen.

ALLGEMEINE MERKMALE

Kultur: Leicht zu kultivieren.
Blütezeit: Anfang Juni bis Ende September, je nach Sorte.
Blühdauer: Ein bis drei Monate.
Besonderheiten: Je nach Abstammung blühen sie entweder an den diesjährigen Trieben oder am vorjährigen Holz.
Geografische Herkunft: Die Mutterpflanzen stammen aus Japan.
Klima: Je nach Sorte gemäßigtes, mehr oder weniger wintermildes bzw. ozeanisch beeinflusstes Klima (siehe Sortenportraits).

BESONDERE KULTURBEDINGUNGEN

Temperatur: Tiefe Wintertemperaturen und Frost im Frühjahr können sich verheerend auf die Blüte einiger Sorten von *H. macrophylla* auswirken. Andere Sorten wiederum sind hier robuster (siehe Sortenportraits).
Licht: Die meisten von ihnen fühlen sich nur im Halbschatten wohl, doch vertragen manche deutlich hellere Standorte, wenn sie einen Teil des Tages Schatten bekommen. Man sollte also die verschiedenen Bereiche im Garten testen, bevor man den optimalen Standort für jede Pflanze bestimmt. Hortensien lassen sich gut verpflanzen, wenn ihnen der ursprünglich zugedachte Platz sichtlich nicht behagt. Hortensien stehen gern neben Holunder, Schmetterlingsflieder (*Buddleia*) und Blauglockenbäumen (*Paulownia*). Diejenigen, die einen sonnigeren Standort vertragen, tönen auch meist ihr Laub in schönen Herbstfarben.
Wasser: Regenwasser oder neutrales bis leicht saures Quellwasser ist natürlich vorzuziehen. In Leitungswasser sollten vorher Torfsäcke eingehängt werden (aus dem Gartenfachhandel), um es abzusäuern.
Gießen: Die meisten vertragen Staunässe überhaupt nicht. Je mehr Schatten sie genießen, um so weniger müssen sie gegossen werden; der Boden um ihre Wurzeln sollte kühl bleiben. In Trockenheitsperioden müssen sie aber auf jeden Fall gewässert werden.
Luftfeuchtigkeit: Mittel bis hoch.

◀ Seite 46: *H. macrophylla* 'Mousmé' (Sortenbeschreibung siehe Seite 52). Im Vordergrund rechts: *H. macrophylla* 'Tovelit' (Sortenbeschreibung siehe Seite 44).

Stützen: Selten nötig, außer zuweilen in den ersten Jahren.
Substrat: Sie verlangen einen gut versorgten, durchlässigen Boden.
Dünger: Maßvoll im ausgewogenen Nährstoffverhältnis.
Besondere Pflege: Wie generell bei Garten-Hortensien können die Blütenstände der Hortensien mit flachen Trugdolden je nach Bodenbeschaffenheit mehr rosa oder blau sein. Sie brauchen einen sauren, aluminiumreichen Boden, um blau zu blühen.
Sträuße: Die Blütenstände mancher Sorten trocknen gut, ohne hinfällig zu werden.

SORTEN VON *H. MACROPHYLLA*

'HANABI'

Dieser sehr dichte Strauch wird in frostfreien Gegenden 3 m hoch. Seine Blütenstände sind breite, flache Trugdolden, deren Mitte aus zahlreichen fruchtbaren Einzelblüten von einem Ring aus etwa zehn gefüllten, sterilen Randblüten auf sehr langen Blütenstielen umstanden wird. Die Kelchblätter der sterilen Blüten sind lang und schmal wie die der Sorte 'Izu-no-Hana'. Beide Sorten sind zunächst weiß und tönen sich dann im Alter zartrosa. Dies ist einer der außergewöhnlichsten japanischen Sorten von *H. macrophylla*. Die Blütenknospen sind leider sehr kälteempfindlich.

'IZU-NO-HANA'

Diese Sorte ist zwar kälteempfindlich, kann aber in milden, feuchten Gegenden über 2 m hoch werden. Ihre hellgrünen, glatten und stark glänzenden Blätter sind sehr schön. Ihre Blütenstände haben die Form flacher, sehr breiter Trugdolden. Die äußerst zahlreichen

▲ *H. macrophylla* 'Hanabi': Ihr japanischer Name bedeutet »Feuerwerk«.

H. macrophylla ▶ 'Izu-no-Hana'

fruchtbaren Blüten in der Mitte sind mehr oder weniger deformiert und mal grün, mal rosa, in saurem Boden blau. Um sie herum stehen einige sterile Randblüten, unter deren feinen, länglichen, leicht gebogenen, ganzrandigen Kelchblättern weitere Blütenblätter wachsen, die stärker als normal entwickelt sind. Die unfruchtbaren Blüten sind blassrosa oder -blau.

'JOGASAKI'

Diese Sorte ist noch empfindlicher gegenüber Frost als die vorangehende, und deshalb fällt ihre Blüte oft enttäuschend aus. In milden Gegenden hingegen ist dies eine sehr schöne Pflanze mit hübschem, gesundem Laub. Die Blütenstände sind leicht gewölbte Dolden, deren Mitte aus deformierten, fruchtbaren Blüten besteht, die grün bleiben oder nur gelegentlich eine leichte Rosatönung aufweisen, während die etwa 15 sterilen, gefüllten Randblüten ein sehr schönes, helles Rosa zeigen – ein ansprechender Farbkontrast! Wie bei 'Izu-no-Hana' kann sich ein Sekundär-Blütenstiel am Blütenstiel einer normal großen Blüte bilden, der eine zweite, kleinere sterile Blüte trägt. Diese Sorte sowie die vorangehende stammen von der japanischen Halbinsel Izu.

▲ 'Jogasaki'

'LANARTH WHITE'

Die vor 1949 entstandene Sorte hat flach schirmförmige, kleine bis mittelgroße Blütenstände mit reinweißen, unregelmäßig angeordneten sterilen Randblüten. Die fertilen Innenblüten sind anfangs grün, zuletzt blau oder violett gefärbt. Die vier bis fünf sich überlappenden Kelchblätter der Einzelblüten sind eiförmig und lang zugespitzt. 'Lanarth White' wächst mittelstark und hat lanzettliche, vorne spitz zulaufende, hellgrüne Blätter. Sie gilt als eine der frosthärtesten Teller-Hortensien.

H. macrophylla ▶
'Lanarth White'

▲ Oben: *H. macrophylla* 'Mariesii', darunter: 'White Wave', auch bekannt unter dem Namen 'Mariesii Grandiflora'.

'MARIESII'

Am Ende des 19. Jahrhunderts sammelte Maries in Japan diese Pflanze, die auch nach der Inkulturnahme noch genauso wie in der Natur vorkommend aussieht, obwohl die sterilen Blüten etwas zahlreicher sind. Dies ist ein majestätischer, blühfreudiger Strauch, der über 2 m hoch werden kann. Die großen hellrosa oder -blauen Blütenstände erscheinen im Juli.

'WHITE WAVE' (SYN. 'MARIESII GRANDIFLORA')

Da der große englische Sammler HAWORTH-BOOTH annahm, dass die drei Sorten, die aus *H. macrophylla* 'Mariesii' hervorgegangen waren, verwechselt werden könnten, hat er ihnen neue Namen gegeben, unter denen sie heute bekannter sind. Die hier vorgestellte Sorte wurde 'White Wave' getauft, da ihre sterilen Blüten anfangs weiß sind. Gegen Saisonende färben sie sich allerdings blassrosa. Die Blütenstände sind flache Teller mit zart getönten fruchtbaren Blüten. Die Kelchblätter der sterilen Blüten sind leicht gezahnt. Diese Pflanze verlangt einen schattigen Standort. Sie ist von den dreien die empfindlichste; ihre Blüte kann unter Frühlingsfrost leiden.

'LILACINA' (SYN. 'MARIESII LILACINA')

Diese Sorte wächst niedriger und schmaler als die beiden anderen aus *H. macrophylla* 'Mariesii' entstandenen. Ihre flachen schirmförmigen Blütenstände sind äußerst zahlreich, aber eher klein. Die fruchtbaren Randblüten haben eine schöne Blautönung. Die sterilen Innenblüten sind von einem Zartviolett, das nach außen hin blasser wird. Ihre

Kelchblätter sind spitz, getrennt und leicht gezähnt; sie stehen immer zu viert zusammen.

▲ *H. macrophylla* 'Lilacina' ('Mariesii Lilacina')

'MARIESII PERFECTA' (SYN. 'BLUE WAVE')

Auch diese Sorte, die ziemlich ausladend werden kann, trägt viele flache Blütenstände. Um ihre fruchtbaren Blüten in der Mitte stehen nur einzelne sterile Randblüten. Beide Blütenformen sind gewöhnlich blau – daher ihr heute nicht mehr gültiges Synonym.

H. macrophylla ▶ 'Mariesii Perfecta' ('Blue Wave')

'TRICOLOR'

Hier haben wir zur Abwechslung eine panaschierte Sorte, dessen Blätter unregelmäßige weiße und gelbe Flecken aufweisen. Die Blütenstände ähneln denen von *H. macrophylla* 'Mariesii', sind aber etwas weniger breit. Im Gegensatz zu dieser sind die Triebe von 'Tricolor' nicht steif, sondern biegsam. Dies ist eine pflegeleichte Sorte, die aber vor Frühlingsfrösten und vor starker Sonneneinstrahlung geschützt werden muss.

▲ Oben: *H. macrophylla* 'Tricolor', darunter 'Beauté Vendômoise'.

'BEAUTÉ VENDÔMOISE'

Dies ist eine der ersten durch den berühmten Züchter aus Vendôme, EMILE MOUILLÈRE, geschaffenen Hortensien. Sie hat kräftige Triebe mit sehr breiten Blütenständen, die gewöhnlich blassrosa sind. Die sterilen Blüten sind ebenfalls sehr groß: Ihr Durchmesser kann bis zu 8 cm betragen! Leider ist diese Pflanze äußerst empfindlich gegenüber Frühlingsfrösten, die die Blütenknospen vernichten und die Triebe schädigen können. Unter günstigen Bedingungen kann sie 1,70 m hoch werden.

'MOUSMÉ'

Diese robuste, blühfreudige Sorte bringt zahlreiche Blütenstände in klarem Rosa bis Kobaltblau hervor. Da sie sehr sensibel auf unterschiedliche pH-Werte im Boden reagiert, kann ein Teil der Blütenstände blau, ein anderer violett und ein dritter rosa gefärbt sein. Die zahlreichen sterilen Blüten haben abgerundete Kelchblätter. Der Strauch ist weniger kälteempfindlich als 'Beauté Vendômoise', aber seine Blütenstände sind kleiner. Er wird in der Regel auch weniger hoch.

◄ *H. macrophylla* 'Mousmé' (siehe auch Foto Seite 47)

'BLAUMEISE'

Gezüchtet am Ende der 1970er-Jahre in der Eidgenössischen Forschungsanstalt (E.F.A.) im Schweizer Wädenswil, ist diese moderne Sorte sehr robust, wuchs- und blühfreudig. Frühlingsfrost schadet ihr kaum. Ihre Blütenstände werden von einem einzigen Kranz sehr unregelmäßiger steriler Blüten mit vier zugespitzten Kelchblättern gesäumt. Sie können rosa oder lila sein – in Blau sind sie aber spektakulärer. Wenn dem Strauch direkte Sonne erspart bleibt, nehmen die Blütenstände kobaltblaue und zarte graugrüne Tönungen mit einem Hauch Violett an. Er kann unter günstigen Bedingungen 2,50 m hoch werden.

▲ *H. macrophylla* 'Blaumeise'

'LIBELLE'

Derselben Herkunft wie 'Blaumeise', hat diese Sorte auch alle ihre Qualitäten, allerdings ist ihre Maximalhöhe geringer und sie ist empfindlicher gegenüber Frühjahrsfrösten. Die Blütenstände sind sehr breit und locker aufgebaut. Die sterilen Blüten sind weiß, schalenförmig gebogen und haben abgerundete Kelchblätter. Die fruchtbaren Büten haben eine bläuliche oder rosafarbene Tönung.

◄ *H. macrophylla* 'Libelle'

▲ H. macrophylla 'Veitchii'

'VEITCHII'

Traditionellerweise als *H. macrophylla* angesehen, scheint diese Pflanze, die durch die Gärtnerei Veitch aus Japan nach Europa importiert wurde, eigentlich *H. serrata* näher zu stehen. Ihre Blätter sind weder glatt noch glänzend, sondern leicht pelzig, matt und von ausgeprägten Blattadern durchzogen. Diese äußerst majestätische Pflanze mit kräftigen Trieben kann über 2 m hoch werden. Ihre breiten, flachen Blütenstände mit bläulichen fruchtbaren Innenblüten werden von einer Reihe steriler weißer Randblüten mit drei oder vier großen Kelchblättern gesäumt. Leider ist sie nicht sehr blühfreudig, und ihre Blüte ist recht kurzlebig. Sie muss unbedingt im Halbschatten gezogen werden.

SORTEN VON *H. SERRATA*

Seite 55: ▶ H. serrata 'Blue Bird' (siehe auch Seite 15).

'BLUE BIRD'

Eine sehr schöne Sorte mit üppiger Blüte, die Kälte nicht fürchtet. Ihre Blütenstände bestehen aus zahlreichen bläulichen fruchtbaren Blüten, die von einigen sterilen Randblüten mit vier deutlich getrennten, sehr regelmäßigen Kelchblättern umgeben sind. Ihre matten, dunkelgrünen Blätter werden rasch violett, dann purpurrot. Wegen ihrer runden, kompakten Form, der Üppigkeit ihres Laubes und ihrer geringen Höhe kann man diese Sorte als Randbepflanzung verwenden oder zum Kaschieren der kahlen Basis anderer Sträucher. Diese Pflanze ist besonders pflegeleicht.

'BLUE DECKLE'

Ihren Namen hat auch diese Sorte vom berühmten Sammler HAWORTH-BOOTH. Ihr Aussehen rückt sie in die Nähe von *H. serrata* subsp. *yezoensis*, von der sie die breiten Blätter mit deutlicher Nervatur und den außergewöhnlichen Blauton hat, wenn sie in eher saurem Boden gezogen wird. Diese niedrige Pflanze besitzt breite, abgeflacht-halbkugelige Blütenstände, die von sterilen Blüten mit gezähnten Kelchblättern umstanden werden – selbst in Rosa entfaltet sie ihren vollen Charme! Sie erblüht früh und üppig.

▲ *H. serrata* 'Blue Deckle' hat einen außergewöhnlichen porzellanblauen Farbton, wenn sie in saurem Boden gezogen wird.

'GRAYSWOOD'

Diese Pflanze unbekannter Herkunft, die nach dem Garten von Grayswood (Großbritannien) benannt ist, hat breite Blütenstände in Form leicht gewölbter Trugdolden. Die Kelchblätter ihrer breiten sterilen Blüten sind blassrosa und färben sich allmählich in klares Rosa, dann in Karminrot um, das am Saisonende in Purpurrot übergeht.

H. serrata ▶ 'Grayswood'

Sie ist äußerst blühfreudig und sehr robust, verträgt sogar volle Sonne und kann 1,50 m hoch werden. Ihre Blütenstände liefern herrliche Trockensträuße, und ihr Laub nimmt eine wunderschöne Herbsttönung an. 'Grayswood' gehört zu den Sorten mit einem hohen Gartenwert.

▼ *H. serrata* 'Koreana'

'KOREANA'

Diese Sorte, die vermutlich ihren Ursprung in Korea hat, ist eine interessante Hortensie. Sie wird nur etwa 0,5 m hoch und breitet sich durch kurze Ausläufer langsam aus. Sie bildet zahlreiche schirmförmige Blütenstände mit vielen fertilen, dunkelblauen Blüten und violetten sterilen Randblüten aus, die auf sauren Böden himmelblau gefärbt sind.

'MACROSEPALA'

Ein alte, aus Japan stammende Sorte, die aber von Europäern benannt wurde. Dies ist eine robuste, äußerst blühfreudige Pflanze mit tellerförmigen Trugdolden. Deren sterile Randblüten haben breite, weiße, gezähnte Kelchblätter, die sich allmählich mit intensivem Karminrot überziehen, das am Saisonende purpur-karminrot wird. Ihre Blütezeit dauert fast die ganze Saison. Das Laub nimmt im Herbst eine schöne Tönung an. Die Dolden passen sehr hübsch in Trockensträuße. Sie fürchtet weder schwere Böden noch stehendes Wasser.

H. serrata 'Macrosepala' ▶

Japanische Hortensien

SORTEN VON *H. SERRATA*

Die Ausgangspflanzen wurden von japanischen Gärtnern an den Naturstandorten der Art gesammelt.

Diese Hortensien sind von den Japanern in der Natur gesammelt und zu Sorten entwickelt worden. Sie wurden wegen ihres hohen Zierwerts ausgewählt und besitzen eine ganz besondere Anmut – sie stellen den sicheren Geschmack der Bewohner des »Landes der aufgehenden Sonne« unter Beweis.

ALLGEMEINE MERKMALE

Kultur: Je nach Sorte einfach bis schwieriger.
Blütezeit: Sortenabhängig von Juni bis Anfang September.
Blühdauer: Vier bis sechs Wochen.
Besonderheiten: Sie blühen an den jungen, diesjährigen Trieben.
Geografische Herkunft: Japan.
Klima: Gemäßigtes, wintermildes oder ozeanisch beeinflusstes Klima.

BESONDERE KULTURBEDINGUNGEN

Temperatur: Sie vertragen winterlichen Frost, außer in schweren Böden.
Licht: Für Unterpflanzungen ideal, da die Sonne leicht ihre zarten, empfindlichen Blätter versengt. Manche von ihnen jedoch vertragen einen Teil des Tages über Sonne und entwickeln dann oft schöne Herbstfarben.
Wasser: Neutral bis leicht sauer.
Gießen: Vor allem in den ersten beiden Jahren, vor der Blütezeit und bei Trockenheit.
Luftfeuchtigkeit: Mittelfeucht bis feucht.
Stützen: In der Regel nicht nötig.
Substrat: Alle Japanischen Hortensien verlangen ein recht leichtes, saures, humusreiches, durchlässiges Substrat, das aber nie austrocknen darf.
Dünger: Maßvoll im ausgewogenen Nährstoffverhältnis.
Besondere Pflege: Zuviel Wasser und Trockenheit sind tödlich für sie. Schnecken mögen besonders ihre jungen Blätter; es ist also ratsam, sie in den ersten Jahren vor ihnen zu schützen, da die Pflanzen auch erheblich niedriger sind als viele andere Hortensien.
Vermehrung: Sie lassen sich sehr leicht durch Stecklinge vermehren, von grünen Trieben geschnitten gelingt das Anwachsen sicherer.

◄ Seite 58:
H. serrata
subsp. *yezoensis*

▲ *H. serrata* 'Beni-Yama'

SORTEN VON *H. SERRATA*

'BENI-YAMA'

Diese Sorte trägt zahlreiche kleine Blütenstände in Form gewölbter Trugdolden. Die fruchtbaren Blüten sind blau. Die sterilen Blüten mit drei oder vier ganzrandigen Kelchblättern sind zuerst weiß und färben sich dann rasch karminrot. Die Pflanze wird etwa 80 cm hoch. Sie gehört zu einer Hortensiengruppe, die in Japan »benibana« genannt und dort schon sehr lange kultiviert wird. Tatsächlich gibt es in Japan in der Natur keine wirklich roten Hortensien, und nur die »benibana« nehmen diesen Farbton an. Am Saisonende tönen sich die Kelchblätter, von außen beginnend, sehr lebhaft karminrot. Dieses Karminrot, das die selbe Nuance hat wie früher das Lippenrot der Geishas, heißt auf Japanisch »beni«. Die »benibana« vertragen Sonne besser als die übrigen Hortensien der Art.

'HALLASAN'

Nicht aus Japan stammt diese eigenartige Sorte, sondern aus Korea. Sie bildet jedes Jahr eine Fülle von dicht gedrängten, blühenden Ausläufern, die sich wenig verzweigen und die Pflanze rasch in die Breite gehen lassen. Da sie nicht höher als 50 bis 60 cm wird, sieht sie bald aus wie ein Bodendecker. Sie verträgt volle Sonne, in der sich ihre zunächst dunkelgrünen, stark geaderten Blätter schnell purpurrot tönen. Die sehr zahlreichen, aber recht kleinen violetten Blütenstände sind aus vielen fruchtbaren und wenigen unregelmäßig geformten, sterilen Blüten zusammengesetzt.

'KURENAI'

Diese Pflanze ähnelt *H. serrata* 'Macrosepala', doch ihre Blütenstände sind kleiner als bei dieser, und die sterilen Blüten tragen drei schmale, kaum oder nicht gezähnte Kelchblätter. Wie bei *H. serrata* 'Macrosepala' tönen sie sich intensiv rot, wenn sie älter werden. Die Blüte ist üppig, aber ziemlich kurzlebig. Die Blätter sind schmal und hellgrün. Wie *H. serrata* 'Hallasan' verträgt sie teilweise Sonnenbestrahlung. Es gibt eine Variante dieser Sorte mit dem Namen 'Kurenai-Nishiki', die panaschierte Blätter hat.

'MIYAMA-YAE-MURASAKI'

Die Blütenstände dieser gedrungenen, sehr blühfreudigen Sorte haben die Form leicht gewölbter Trugdolden. Die sterilen Blüten sind stark gefüllt und kräftig blauviolett. Das Laub ist mittelgrün und recht empfindlich, weshalb dieser Strauch unbedingt im Halbschatten kultiviert werden muss. Recht saurer Boden ist nötig, damit sich die Blütenstände ausfärben. Diese Pflanze kann 1,20 m hoch werden.

▲ *H. serrata* 'Oamacha'

'OAMACHA'

Seit Menschengedenken bereiten die japanischen Buddhisten einen süßen Tee aus den Blüten bestimmter Hortensien. Sie trinken ihn am 8. April, Buddhas Geburtstag. Dieses Getränk wird »ama-cha« genannt, was »süßer Tee« bedeutet. Und so nennt man auch die Pflanzen, die diesen Tee liefern, üblicherweise »amacha«. Die mit diesem Namen bezeichnete Sorte ist ein kleinwüchsiger »amacha«, der sich Ende Juni mit zahlreichen kleinen Trugdolden in Rosa überzieht. Die sterilen Blüten dieser Pflanze weisen abgerundete Kelchblätter auf. Ihr Laub nimmt im Herbst einen Purpurton an. In Japan hat diese Sorte den Namen *H. serrata* 'Ko-Amacha'. Sie muss im lichten Halbschatten gezogen werden.

SORTEN VON *H. SERRATA* SUBSP. *ACUMINATA*

'KIYOSUMI'

Diese Pflanze hat abgeflacht-halbkugelige Blütenstände, deren sterile Blüten zweifarbig sind: Das Innere der Kelchblätter ist weiß, der Rand dunkelrosa. Auch ihre Blätter sind erstaunlich, denn sie haben zuerst einen intensiven Purpurton und gehen dann später in ein Khakigrün mit einem Purpurstich über. Die wie Feuer leuchtenden Herbstfarben sind eine Pracht. Der Strauch kann 1 m hoch werden. Er ist nicht sehr blühfreudig und manchmal etwas schwierig zu ziehen. Er verträgt ein paar Stunden Sonne.

▼ *H. serrata* subsp. *acuminata* 'Kiyosumi'

'MAIKO'

Eine Zwergpflanze, die etwas unregelmäßig geformte, halbkugelige rosa Blütenstände hat. Das Laub ist mittel- bis dunkelgrün. Die Pflanze blüht meist Mitte Juni bis Mitte Juli und eventuell noch einmal im Spätsommer. Sie verlangt einen ausreichend sauren Boden, um gut zu gedeihen. Wenn der Standort ihr behagt, kann sie äußerst blühfreudig sein. Sie verträgt teilweise Sonnenbestrahlung, die ihr purpurgetönte Herbstfarben verleiht.

◄ *H. serrata* subsp. *acuminata* 'Maiko'

▲ Links: *H. serrata* subsp. *acuminata* 'Stellata'. Rechts: *H. serrata* subsp. *angustata* 'Hakucho'.

'STELLATA'

Diese zarte, empfindliche Zwerg-Sorte brachte SIEBOLD aus Japan mit. Ihre Blütenstände sind sehr klein. Die sterilen Blüten sind gefüllt und haben gebogene, spitze Kelchblätter, die der Blüte die Form eines kleinen Sternes verleihen – daher ihr botanischer Name. Die wenigen fruchtbaren Blüten sind winzig und deformiert. Diese Sorte braucht viel Pflege, um zu gedeihen. Sie muss vor direkter Sonne geschützt werden.

SORTEN VON *H. SERRATA* SUBSP. *ANGUSTATA*

'HAKUCHO'

Sorten dieser Abstammung bleiben ohnehin klein – diese Sorte aber ist besonders winzig, denn sie wird nicht über 40 cm hoch. Sie blüht früh und üppig bereits in den ersten Junitagen und trägt dann bis Oktober vereinzelte Blütenstände. Diese bleiben die ganze Saison über schön.

Sie tragen meist nur etwa zehn fruchtbare und vier sterile Blüten, die ganz weiß sind. Diese sterilen Blüten sind gefüllt und haben löffelförmig nach oben gebogene Kelchblätter. Trotz ihres zarten Aussehens ist diese Pflanze robust.

'SHIRO-MAIKO'

Diese kleinwüchsige Pflanze ähnelt der Sorte 'Maiko', doch sind ihre kugelförmigen Blütenstände reinweiß und ihr Laub ist frisch hellgrün. Dies ist eine recht empfindliche Pflanze, die nur im Halbschatten in humusreichem, gut durchlässigem Boden stehen sollte. Sie ist nicht sehr blühfreudig.

SORTE VON *H. SERRATA* SUBSP. *YEZOENSIS*

'KUROHIME'

Eine herrliche, sehr blühfreudige Sorte von außergewöhnlicher Schönheit. Ihre kleinen, halbkugeligen Blütenstände sind von einem unbeschreiblichen Blau und erscheinen sehr dunkel, denn sie werden von Zweigen getragen, deren Triebenden schwarzviolett sind. Das recht hellgrüne Laub ist im Allgemeinen sehr gesund. Die Kultur dieser Pflanze ist überhaupt kein Problem, wenn man sich die Mühe macht, sie in sauren Boden und in den Halbschatten zu pflanzen.

Amerikanische Hortensien

SORTEN VON *H. ARBORESCENS*, *H. QUERCIFOLIA*

Amerikanische Hortensien werden immer häufiger gepflanzt, denn sie sind winterhart und sehr blühfreudig. Die Art *H. arborescens* hat flache bis kugelige Blütenstände, alle Sorten von *H. quercifolia* tragen Blütenrispen.

ALLGEMEINE MERKMALE

Kultur: Bei *H. arborescens* sehr leicht. *H. quercifolia* tut sich schwerer mit dem Anwachsen und ist in Deutschland nicht überall zuverlässig winterhart.
Blütezeit: Ende Juli bis Anfang September.
Blühdauer: Sechs bis acht Wochen.
Besonderheiten: *H. arborescens* blüht am diesjährigen, *H. quercifolia* am vorjährigen Holz. Die Letztere hat gelappte Blätter, die denen amerikanischer Eichen ähneln und herrliche Herbstfarben annehmen.
Geografische Herkunft: Nordamerika.
Klima: Gemäßigtes, wintermildes oder ozeanisch beeinflusstes Klima.

BESONDERE KULTURBEDINGUNGEN

Temperatur: Während *H. arborescens* in unseren Breiten sehr winterhart ist, bevorzugt *H. quercifolia* eher ozeanisch beeinflusste, wintermilde Lagen.
Licht: Sie brauchen gutes Licht und direkte Sonnenbestrahlung am Spätnachmittag, um üppig zu blühen.
Wasser: Die Sorten beider Arten vertragen leicht alkalisches Wasser.
Gießen: Vor allem in den ersten Jahren, vor der Blüte und bei Trockenheit.
Luftfeuchtigkeit: Eine relativ trockene Luft schadet ihnen nicht.
Stützen: In den ersten Jahren bei fast allen Sorten von *H. quercifolia*, bei großen Blütenbällen von *H. arborescens*-Sorten empfehlenswert.
Substrat: *H. arborescens* verträgt ein mittelmäßiges Substrat, wenn es nur gut durchlässig ist. *H. quercifolia* verlangt humusreichen, gut nährstoffversorgten und durchlässigen Boden.
Dünger: Maßvoll im ausgewogenen Nährstoffverhältnis.
Besondere Pflege: Man kann *H. arborescens* schon am Winteranfang oder im darauf folgenden zeitigen Frühjahr zurückschneiden, um im gleichen Jahr sehr große Blütenstände zu bekommen. Bei *H. quercifolia* hingegen darf man dies auf gar keinen Fall tun, denn dann blüht sie nicht.

◀ Seite 66:
H. quercifolia

▲ *H. arborescens* subsp. *radiata*

Vermehrung: *H. arborescens* durch Teilung und Stecklinge, *H. quercifolia* nur durch Stecklinge; dazu muss genügend Bodenwärme vorhanden sein.
Ähnliche Art: *H. arborescens* subsp. *radiata* ähnelt *H. arborescens*, aber ihr sehr dunkelgrünes Laub ist unterseits dicht weißfilzig behaart.

SORTEN VON *H. ARBORESCENS*

Da die Blütenstände am der Spitze der diesjährigen Triebe angelegt werden, schneiden die Gärtner in wintermilden Zonen oft schon im Herbst, ansonsten im zeitigen Frühjahr die Sträucher einige Zentimeter über dem Boden ab, und das tut der Blüte keinen Abbruch. Allerdings ist diese Vorgehensweise nicht ratsam bei kugelförmigen Blütenständen, weil hier die jungen Triebe nicht verholzt sind und die weniger zahlreichen, aber dafür riesigen Blütenstände die Zweige bei Regen umknicken lassen. Wenn die Blütenstände dann den Boden berühren, sind sie nicht mehr zu retten.

'ANNABELLE'

Diese Sorte wahrscheinlich die bekannteste und eine der meistgezogenen von den Amerikanischen Hortensien. Ihre riesigen ballförmi-

▲ *H. arborescens* 'Annabelle' ▶

▲ *H. arborescens* 'Grandiflora'

gen Blütenstände können so groß werden wie ein menschlicher Kopf. Diese Kugeln in klarem Weiß sind sehr schön und sehr leuchtend, aber ihr Gewicht kann nach starkem Regen die Triebe nach unten ziehen. Diese Blütenstände neigen dazu, leicht zu vebrennen, weshalb sie besser vor Sonne von Osten und Süden geschützt werden sollten. Nachmittagssonne reicht ihnen völlig zum Blühen. Unter guten Bedingungen kann der Strauch 1,70 m hoch oder höher werden.

'GRANDIFLORA'

Schon sehr lange wird diese Sorte in Parks und Gärten gepflanzt. Ihre kugeligen Blütenstände, die unregelmäßig geformt und unterschiedlich groß sind, haben etwa das Kaliber dicker Äpfel, sie werden 12 bis 18 cm breit. Die Pflanze blüht üppig ab Anfang Juli und hält sich gut, wenn man sie nicht ganz zurückschneidet. Sie bildet einen dichten Strauch, der 1,50 m hoch werden kann.

SORTEN VON *H. QUERCIFOLIA*

Diese Sorten können nur in gut durchlässiger, doch kühler Erde leben. Wenn das Wasser sich im Boden staut, gehen sie bald ein. Mittagssonne sollte man bei ihnen besser meiden, um lange die Frische ihrer Blütenstände zu bewahren. Allerdings brauchen sie genug Licht, um üppig zu blühen und schöne Herbstfarben hervorzubringen.

▼ *H. quercifolia* 'Snow Queen'

▲ *H. quercifolia* 'Alice'

'ALICE'

Dies ist eine sehr kräftige Sorte, deren Blütenrispen am Saisonende rosa werden. Die zahlreichen breiten sterilen Blüten verbergen die fruchtbaren Blüten. Sie muss vor praller Sonne geschützt werden, sonst verbrennen die Blütenstände. Unter guten Bedingungen wird sie sehr hoch. Sie wächst im Allgemeinen schneller als die meisten anderen Sorten. Die Herbstfarben ihres Laubes leuchten besonders prächtig in Abstufungen von Karmin- und Purpurrot.

▼ 'Harmony'

'HARMONY'

Ihre weißen, später cremeweißen Blütenrispen bestehen hauptsächlich aus sterilen Blüten, wodurch sie aussehen wie leicht birnenförmige Schneebälle. Dieser Strauch hat einen etwas gestauchten Wuchs und muss in den ersten Jahren gestützt werden.

'SNOW FLAKE'

Die zahlreichen sterilen Blüten dieser Sorte in einem grün überhauchten Weiß blühen vor den fruchtbaren Blüten auf, die lange grün bleiben. Da diese durch ihre Menge gut zu sehen sind, ist der Farbkontrast sehr schön. Die Rispen haben eine gewisse Tendenz, sich zum Boden zu neigen. Die Blütezeit ist August. Diese Sorte wächst recht langsam. Sie kann bis zu 2 m hoch werden.

▲ *H. quercifolia* 'Snow Flake'

'SNOW QUEEN'

Die locker aufgebauten Blütenrispen dieser robusten Pflanze stehen aufrecht, statt zum Boden herabzuhängen. Die fruchtbaren Blüten sind grünlich weiß. Die gut entwickelten sterilen Blüten sind in der Minderzahl; ihre vier weißen Kelchblätter sind am Rand leicht gewellt (siehe Foto linke Seite). Die Blüte ist üppig und erfolgt früh. Diese Sorte wird recht groß.

Samt- und Hüllblatt-Hortensien

H. ASPERA MIT IHREN UNTERARTEN UND FORMEN, *H. INVOLUCRATA*

Obwohl einige der Samt- und Hüllblatt-Hortensien seit vielen Jahren in Parks gezogen werden, sind diese Hortensien beim Publikum oft unbekannt. Wegen ihrer Winterhärte und ihrer regelmäßigen Blüte, die zuweilen sogar prächtig ist, verdienen sie, besser bekannt zu werden.

ALLGEMEINE MERKMALE

Kultur: Recht leicht.
Blütezeit: August bis Ende September.
Blühdauer: Etwa ein Monat.
Besonderheiten: Alle diese Hortensien haben behaarte Triebe, Blätter und Blütenstände. Ihre Blütenstände sind flache oder gewölbte Trugdolden .
Geografische Herkunft: Asien.
Klima: Sie bevorzugen in der Regel gemäßigtes, wintermildes oder ozeanisch beeinflusstes Klima, manche dieser Hortensien vertragen aber auch weitaus raueres, kontinentales Klima (siehe Portraits).

BESONDERE KULTURBEDINGUNGEN

Temperatur: Die meisten widerstehen winterlichem Frost, kalte Zugluft kann aber ihr Laub schädigen.
Licht: Fast alle vertragen eine gewisse Sonnenbestrahlung unter der Bedingung, dass sie ihr nur einen Teil des Tages ausgesetzt sind. Überhaupt brauchen sie ausreichend Licht, um schön zu blühen.
Wasser: Regenwasser oder mit Torf aufbereitetes Leitungswasser.
Gießen: Der Boden im Wurzelbereich darf nie trocken sein. Diese Pflanzen tolerieren auch keine undurchlässigen Böden.
Luftfeuchtigkeit: Die meisten kommen mit relativer Lufttrockenheit zurecht, auch wenn sie höhere Luftfeuchte bevorzugen.
Stützen: Kaum nötig, nur bei manchen Sorten von *H. involucrata*.
Substrat: Es muss humusreich und gut mit Nährstoffen versorgt sein.
Dünger: Maßvoll im ausgewogenen Nährstoffverhältnis.
Besondere Pflege: Keine.
Vermehrung: Durch Stecklinge. Oft etwas schwierig, denn sie benötigen Bodenwärme von unten und manchmal Bewurzelungshormone.
Verwendung: Manche von ihnen sehen aus wie »gutmütige Riesen«, die einen hervorragenden Beethintergrund abgeben, so dass sich die Blütenstände der anderen Pflanzen vor der dunklen Farbe ihres Laubes abheben.

◀ Seite 72: *H. aspera* 'Macrophylla'

▲ *H. aspera* 'Macrophylla'. Beim Pflanzen muss man an ihre großzügigen Ausmaße im Alter denken. Sie bildet einen vorzüglichen Beethintergrund.

DIE ARTEN UND IHRE SORTEN

H. ASPERA

Dieser majestätische Strauch mit dem aufrechten Wuchs kann bis zu 4 m hoch werden. Die Äste und Zweige stehen aufrecht, die Blätter sind mittelgrün und ihre Oberfläche voll rauer Haare, die Unterseite hat einen Filzbelag aus feineren Härchen. Die Blütenstände sind flache oder leicht gewölbte Trugdolden von etwa 15 cm Durchmesser, die sich aus den zwei verschiedenen Blütenformen zusammensetzen. Die fruchtbaren Blüten in der Mitte sind violett oder hellviolett, die sterilen Randblüten sind weiß oder weiß mit einem Hauch Violett.

H. ASPERA 'MAUVETTE'

Eine sehr üppige Blüte bringt diese luftig und locker aussehende Sorte hervor. Ihre Blütenstände tragen fruchtbare und sterile Blüten in

H. aspera 'Mauvette' ▶

schönem, zartem Violett. Im Herbst nehmen sie Altrosa-Töne an und bleiben bis zum ersten Frost dekorativ. Im Alter kann diese Pflanze sehr hoch werden. Sie verträgt keinen kalten Wind.

▲ *H. aspera* 'Peter Chappell'

H. ASPERA 'PETER CHAPPELL'

Aus einem Zufallssämling im Garten von Peter Chappell ist diese Pflanze hervorgegangen; sie wurde dann von Maurice Forster gezogen und benannt. Während alle anderen Pflanzen dieser Art violette fruchtbare Blüten besitzen, sind hier fruchtbare und sterile Blüten ganz weiß.

H. ASPERA 'MACROPHYLLA'

Die Sorte hat ihren Ursprung in West-China. Sie kann 3 m hoch werden. Ihre Blätter sind grün mit einem leichten Blaustich. Die Blütenstände sind weniger groß als die von *H. aspera*, aber dafür üppiger. Der Strauch ist gut aufgebaut und wirkt dadurch sehr graziös.

▼ *H. aspera* 'Macrophylla'

▲ Die Sorte der *H. aspera* Villosa-Gruppe, 'Anthony Bullivant' unterscheidet sich von den übrigen Sorten der Art durch ihre größeren Blätter.

H. ASPERA VILLOSA-GRUPPE

Die dünntriebigen Pflanzen haben einen zierlichen, leicht überhängenden Wuchs. Die blau-grauen Blätter sind klein und schmal. Die kuppelförmigen Blütenstände sind äußerst zahlreich und mit ihren etwa 10 cm Durchmesser eher klein. Ihre fertilen Blüten haben ein schönes, leuchtendes Hellviolett und die gezähnten sterilen Randblüten ein Rosa mit einem Stich ins Violette. Die Blüte beginnt in der Regel bereits in der ersten Julihälfte. Diese Pflanze wirkt ausgesprochen anmutig und ist dabei pflegeleicht – ein »Muss« für alle Gärten! Besonderheiten bei der Kultur: In gut durchlässigem, aber nicht trockenem Boden verträgt dieser Strauch besser als viele andere eine gewisse Sonneneinstrahlung, und er ist weniger empfindlich gegenüber dem pH-Wert des Bodens. Er toleriert recht gut schwere Böden, aber keine kalte Zugluft.

▲ *H. aspera* subsp. *sargentiana* mit *H. macrophylla* 'Mariesii' im Vordergrund.

H. ASPERA SUBSP. *SARGENTIANA*

Dies ist eine recht streng aussehende Pflanze mit aufrechtem Wuchs und mit sehr dicken, steifen Ästen. Die Blätter sind mehr oder weniger oval, manchmal gewellt, in einem sehr dunklen Grün; sie können über 20 cm lang werden und sind überzogen mit einem dichten Samt aus langen, steifen, borstigen Zottenhaaren. Die Blütenstände sind leicht gewölbte Trugdolden, die sich aus malvenfarbenen fruchtbaren Blüten in der Mitte und einem Kranz aus weißlichen sterilen Randblüten zusammensetzen. Dies ist eine ausgezeichnete Pflanze für den Beethintergrund, denn vor ihrem dunklen Laub hebt sich die Blüte anderer Pflanzen wunderbar ab. Sie kann raueres Klima vertragen als die meisten anderen Samt-Hortensien. Sie blüht im August.

H. INVOLUCRATA

Ausgewachsen wird dieser dichte Strauch selten über 1,20 m hoch. Er hat seine ursprüngliche Heimat auf den japanischen Inseln Honshu, Shikoku und Kyushu. Seine dunkelgrünen Blätter sind oval bis länglich-oval. Seine halbkugelförmigen Blütenstände tragen dicke, fruchtbare Blüten in einem bezaubernden Hellviolett, umgeben von einem Kranz aus einigen sterilen weißen Randblüten. Die Blütezeit dauert von Juli bis September. Diese Pflanze, die dem pH-Wert gegenüber recht tolerant ist, muss im Halbschatten gezogen werden und verträgt keine schlecht dränierten Böden. Sie wächst langsam. Die Japaner nennen sie »Tama-Ajisai«, also »Kugel-Hortensie«, weil ihre Blütenknospen ganz rund sind, bevor sie sich öffnen.

▲ *H. involucrata*

◀ Blütenstand von *H. involucrata* 'Hortensis'

H. INVOLUCRATA 'HORTENSIS'

Diese Pflanze stammt aus der Natur, ist aber wahrscheinlich in den japanischen Gärten gezogen worden, lange bevor PHILIPP VON SIEBOLD sie beschrieben hat. Die sterilen Blüten sind stark gefüllt, blassrosa und ähneln winzigen Rosen. Die ebenfalls blassrosafarbenen fruchtbaren Blüten sind nicht zahlreich und deformiert. Diese Sorte bleibt zwergwüchsig, sie wird kaum über 60 cm hoch. Ihre Blüte beginnt Ende Juli.

▲ *H. involucrata* 'Hortensis'

H. INVOLUCRATA 'VIRIDESCENS'

Eine sehr schöne, besondere Pflanze mit hellvioletten, fruchtbaren und hellgrünen sterilen Blüten. Sie wächst recht schnell und kann 1,20 m hoch werden. Die sehr üppige Blüte erfolgt im August.

H. involucrata 'Viridescens' ▶

Rispen- und Chinesische Hortensien

H. PANICULATA, H. HETEROMALLA

ALLGEMEINE MERKMALE

Kultur: Sehr leicht.
Blütezeit: Je nach Sorte von Juni bis zum ersten Frost.
Blühdauer: Einen bis dreieinhalb Monate.
Besonderheiten: *H. paniculata* blüht in der Regel am Ende der einjährigen Triebe, *H. heteromalla* am zweijährigen Holz.
Geografische Herkunft: Asien.
Klima: Gemäßigt; auch unter kontinentalem Einfluss robust.

BESONDERE KULTURBEDINGUNGEN

Rispen- und Chinesische Hortensie gehören zu den Hortensien-Arten, die am leichtesten zu ziehen sind, sogar auf felsigem Boden. Da sie volle Sonne vertragen, ist es durch sie möglich, Hortensien dort zu kultivieren, wo viele andere Arten dieser Gattung nicht überleben würden. Indessen darf man nicht vergessen, dass diese Pflanzen ausgewachsen sehr hoch werden können, obgleich manche langsam wachsen. Es ist also wichtig, ihnen einen Standort zu geben, an dem ihre ganze Pracht zur Geltung kommen kann.
Temperatur: Weder Winterkälte noch Sommerhitze stören sie.
Licht: Sie müssen den größten Teil des Tages Sonnenlicht bekommen, um üppig zu blühen.
Wasser: Sie vertragen leicht basisches (alkalisches) Wasser.
Gießen: Sparsam je nach Bedarf, während Trockenheitsperioden oder in sandigen Böden öfter.
Luftfeuchtigkeit: Unerheblich, wenn der Boden weder zu trocken, noch zu nährstoffarm ist.
Stützen: Nicht nötig, außer, wenn die am einjährigen Holz blühenden Hortensien im Vorjahr ganz zurückgeschnitten wurden.
Substrat: Sie vertragen nur keinen wasser- und luftundurchlässigen Böden, in denen sie ersticken.
Dünger: Eher mäßig düngen.
Besondere Pflege: Sorten von *H. paniculata* können jedes Jahr im Frühjahr, in wintermildem Klima schon nach dem Abwerfen der Blätter auf 30 cm Höhe zurückgeschnitten werden. Sie bringen dann

Sie stammen aus den Bergen Asiens, wo sie an Abhängen in der vollen Sonne wachsen; man kann sie also nach Süden hin ziehen. Ihre Größe, ihr majestätisches Aussehen und ihre sehr üppige Blüte machen sie im Garten unverzichtbar.

▲ ◄ Foto oben und auf Seite 80: *H. paniculata* 'Grandiflora'. Die Blütenrispen tönen sich gegen Ende der Blütezeit altrosa.

▲ Im Unterschied zu den Blüten der Sorten, die aus ihr hervorgegangen sind, ist die Rispe der wilden *H. paniculata* recht unauffällig.

im Jahr darauf sehr dicke Blütenstände hervor, blühende Triebe müssen dann gelegentlich gestützt werden. *H. heteromalla* darf auf keinen Fall so kurz geschnitten werden, da sie am vorjährigen Holz blüht.

Vermehrung: Durch Stecklinge aus grünen oder frisch verholzten Trieben bei ausreichend Bodenwärme.

Verwendung: *H. paniculata* trägt rispenförmige Blütenstände, während die von *H. heteromalla* flache Trugdolden ausbildet. Man kann *H. paniculata* aufgrund ihres dichten Laubes zum Beschatten der Beete verwenden, auf denen man Halbschatten verlangende Hortensien pflanzen möchte.

H. PANICULATA UND IHRE SORTEN

H. PANICULATA

Dieser große Strauch kann bis zu 7 m hoch werden. Er hat ovale Blätter, die sich meist paarig gegenüberstehen, oft aber gibt es Triebe, an denen sie zu dritt wachsen. Die rispenförmigen Blütenstände erscheinen am einjährigen Holz. Sie nehmen mit ihren zahlreichen fruchtbaren und einigen unfruchtbaren Blüten Kegelform an. Alle Blüten sind weiß oder cremeweiß. In Europa findet die Blüte in der Regel im August statt. In Japan wurde die innere Rinde der Äste früher zur Herstellung von Klebstoff verwendet. Auf der Insel Hokkaido fertigte das Volk Ainu aus den alten Wurzeln dieser Bäume Pfeifen.

▼ *H. paniculata* 'Grandiflora'

'GRANDIFLORA'

Diese aus der Natur stammenden Sorte brachte PHILIPP VON SIEBOLD etwa 1876 nach Europa mit. Ihre Blütenrispen bestehen aus zahlreichen weißen sterilen Blüten, die die fertilen Blüten verdecken, wodurch das Ganze wie Schnee aussieht. Dieser Großstrauch kann 4 m hoch werden, bleibt bei

◀ *H. parriculata* 'Grandiflora'

regelmäßigem Rückschnitt aber wesentlich kleiner, er beginnt Ende Juli zu blühen. Die Sorte ist Ausgangsmaterial für zahlreiche europäische Sorten.

▼ *H. parriculata* 'Floribunda'

'FLORIBUNDA'

'Floribunda' ist eine alte, aber immer noch sehr wertvolle, stark wachsende Sorte, die sich eleganter aufbaut als 'Grandiflora'. Ihre lockeren, schmal-kegelförmigen Blütenrispen werden bis 45 cm lang, sterile und fertile Blüten sind cremeweiß gefärbt.

'UNIQUE'

Die Sorte ist Ende der 1960er-Jahre entstanden. Sie wächst aufrecht und kann 2 bis 3 (4) m hoch werden. Ihre bis 40 cm langen Blütenrispen werden in großer Zahl angelegt, sie sind breit-kegelförmig, an der Spitze abgerundet und dicht mit bis zu 5 cm breiten, regelmäßig verteilten, cremeweißen, im Verblühen hellrosa Blüten besetzt. Die fertilen Blüten sind hellgrün bis cremeweiß.

H. parriculata 'Unique' ▶

▲ 'Kyushu'

'KYUSHU'

Wie *H. paniculata* 'Grandiflora' ist auch diese Sorte eine Auslese aus Naturbeständen. Sie ist sehr blühfreudig, blüht recht spät, aber dann fast durchgehend bis zum ersten Frost. Da ihre Blütenstände einen Großteil gut sichtbarer fruchtbarer Blüten enthalten und nur wenige sterile, bleiben sie wie die Urform und sehen natürlich aus. Dieser robuste Strauch wächst besonders schnell wächst und kann 3 m hoch werden. Die sterilen Blüten sind zahlreich und locken mit ihrem Duft Schmetterlinge an.

▲ 'Limelight'

'LIMELIGHT'

Die Blütenstände dieser neueren Züchtung zeichnen sich durch ihre leicht zitronengelbe Tönung aus. Sie sind dicht und wirken recht kompakt. Nur die sterilen Blüten sind zu sehen. Die Pflanze blüht sehr üppig, remontiert aber nicht. Sie trägt ihre schweren Blütenstände auf starken, dicken Trieben. Der Strauch wächst langsam und scheint nicht sehr groß zu werden.

'PERLE D'AUTOMNE'

Dieser moderne Sorte ist außerhalb Frankreichs unter dem Namen 'Starlight Fantasy' bekannt. Sie zeichnet sich durch die Größe ihrer Blütenrispen und ihrer unfruchtbaren Blüten aus, die zwar prachtvoll, jedoch in der Minderzahl sind. Ihre großen, ovalen Kelchblätter sind gebogen und deutlich getrennt. Dieser Strauch blüht üppig und ohne Pause von August bis zum ersten Frost. Wie bei der Sorte 'Kyushu' tummeln sich wegen seines Duftes gern Schmetterlinge auf ihm.

▲ *H. paniculata* 'Perle d' Automne' (Syn. 'Starlight Fantasy')

'PINK DIAMOND'

In der ersten Augusthälfte beginnt er zu blühen. Seine zarten, stark verzweigten Triebe tragen bis zu 30 cm lange Blütenrispen, deren sichtbare Blüten größtenteils steril sind. Die anfangs weißen, sterilen Blüten färben sich am Saisonende tief rosarot. Dieser Strauch wird nicht über 2,50 m hoch.

◄ Seite 84: *H. paniculata* 'Pink Diamond' kleidet sich am Ende der Blütezeit in herrliche Rosatöne.

Links: *H. paniculata* ▶ 'Praecox', Rechts: *H. paniculata* 'Daruma'

'PRAECOX'

Diese Pflanze mit sehr kräftigem Holz bringt abgeflacht-kugelige Blütenrispen mit breiter Basis hervor, die über 25 cm groß werden können. Sie bilden sich am vorjährigen Holz und öffnen sich im Juni, deutlich früher als die der anderen Sorten von *H. paniculata*. Ihre fruchtbaren und sterilen Blüten sind weiß. Die elliptischen, gebogenen Kelchblätter der sterilen Blüten sind voneinander getrennt. Die Pflanze wird kaum über 2 m hoch.

▼ *H. paniculata* 'Tardiva'

'DARUMA'

Wie *H. paniculata* 'Praecox' bildet diese japanische Sorte, eine der wenigen zwergwüchsigen Hortensien, ihre Blütenstände an den vorjährigen Zweigen. Sie haben die Form flach gewölbter Kuppeln. Die Blüte erfolgt früh, ist aber nicht sehr üppig.

'TARDIVA'

'Tardiva' wächst locker aufrecht und wird 2 bis 3 m hoch. Die sehr zahlreich angelegten Blütenrispen sind schmal bis breit kegelförmig und werden bis zu 20 cm lang. In den Blütenrispen finden sich zahlreiche fertile Blüten, die sterilen Blüten sind etwa 3,5 cm breit und reinweiß gefärbt. Die Blütezeit dauert von September bis zum Frosteintritt.

H. HETEROMALLA UND IHRE SORTEN

H. HETEROMALLA

An seinen natürlichen Standorten, in China und dem Himalaya, kann dieser baumförmige Strauch bis zu etwa 10 m hoch werden. Diese langsam wachsende Art trägt dicke, ovale Blätter mit deutlich hervortretender Nervatur in Dunkelgrün, auf denen raue Haare verteilt sind. Die jungen Blüten sind oft purpurrot getönt. Die Blütenstände in Form flach gewölbter Trugdolden bestehen aus fruchtbaren Blüten, die von den sterilen Randblüten umstanden werden. Beide sind rein- oder naturweiß, manchmal mit einem Hauch Altrosa überzogen. Die Blüte findet im Juni statt.

▲ *H. heteromalla*

'YELUNG RIDGE'

Ihre Blattstiele und jungen Blätter sind purpurrot. Die leicht gewölbten Blütenstände tragen weiß bis rosa angehauchte fruchtbare Blüten und naturweiße sterile Blüten, die sich rasch rosa tönen. Das reife Laub in Khakigrün mit einem Stich Purpur nimmt eine prächtige, intensiv purpurrote Herbstfärbung an.

▲ 'Yelung Ridge'

▼ 'Morrey's Form'

'MORREY'S FORM'

Ein kräftiger kleiner baumartiger Strauch, der schnell wächst. Die fruchtbaren Blüten in der Mitte seiner flachen Blütenstände sind vor dem Aufblühen rosa; sie werden von sterilen weißen Randblüten mit großen, gewellten Kelchblättern gesäumt. Die Blüte ist sehr üppig. Diese Sorte kann 3 m hoch oder höher werden.

Kletter-Hortensie

H. ANOMALA SUBSP. *PETIOLARIS*

ALLGEMEINE MERKMALE

Kultur: Sehr leicht.
Blütezeit: Juni.
Blühdauer: Einen Monat.
Besonderheiten: Tellerförmiger Blütenstand; sommergrünes Laub, kann gleichermaßen gut Bäume und Wände begrünen, ohne diese zu schädigen.
Geografische Herkunft: Asien.
Klima: Klima: Gemäßigtes, wintermildes bzw. ozeanisch beeinflusstes Klima; auch unter kontinentalem Einfluss robust.

BESONDERE KULTURBEDINGUNGEN

Temperatur: Kalte Winter machen ihr nichts aus.
Licht: Wichtig für einen schönen Blütenflor ist direkte Sonne.
Wasser: Am besten Regenwasser, aber sie verträgt auch leicht alkalisches Wasser.
Gießen: Nach den ersten Jahren der Eingewöhnung ist Gießen nur noch während Trockenperioden nötig.
Luftfeuchtigkeit: Die Kletter-Hortensie stellt keine Ansprüche.
Stützen: In den ersten ein oder zwei Jahren muss die Pflanze zu ihrer Stütze hin geleitet und das Ende des längsten Triebes daran befestigt werden.
Substrat: Weitgehend anspruchslos bis auf durchlässigen Boden.
Dünger: Mäßig, nicht zu stickstoffreich.
Besondere Pflege: In den ersten Jahren sollte man den Wurzelbereich besser vor direkter Sonne schützen.
Vermehrung: Über Stecklinge möglich, viel leichter allerdings durch Absenker.
Verwendung: *H. anomala* subsp. *petiolaris* blüht sehr üppig und kann hervorragend absonnige Mauern und Wände schmücken.

Die Kletter-Hortensie kann sich mit ihren Haftwurzeln an Wänden, Bäumen oder z. B. an den Pfosten einer Pergola festhalten. Sie braucht also weder Haken noch muss sie festgebunden werden. Man kann ihr sorglos die Verzierung von Hauswänden überlassen, denn sie schiebt sich weder in Ritzen noch unter die Dachziegel.

◀ *H. anomala* subsp. *petiolaris*, die auf einen Baum klettert.

▲ *H. anomala* subsp. *petiolaris*. Links: Das Laub tönt sich im Herbst herrlich goldgelb. Rechts im Winter: Sogar ohne Blätter sind die Triebe dekorativ.

H. ANOMALA SUBSP. *PETIOLARIS*

Die Kletter-Hortensie trägt Blütenstände in Form breiter, flacher, luftiger Trugdolden. Die fruchtbaren und die sterilen Blüten sind weiß. Sie blühen im Juni. Diese Pflanze klettert gleich gut an Bäumen oder an Wänden empor, kann aber auch am Boden entlang kriechen, wenn die Triebe keinen Halt finden. Sie braucht eine Weile, ehe sie sich an ihrer Unterlage festhält und beginnt erst zu blühen, wenn sie mehrere starke Triebe gebildet hat. Bemerkenswert ist, dass die Blütenstände einen köstlichen Duft nach getrockneter Aprikose verströmen.

Besonderheiten in der Kultur: *H. anomala* subsp. *petiolaris* wird schon sehr lange in Gärten gezogen und wächst meist an Wänden empor. Im Unterschied zu vielen anderen Kletterpflanzen beschädigt sie weder Putz noch Mörtel und schiebt sich nicht unter die Dachziegel. Außerdem ist diese Pflanze vielseitig einsetzbar; sie passt sich allen Lichtverhältnissen an und blüht üppig. Nur die ersten Jahre verlangen besondere Pflegemaßnahmen: Man muss ihre ersten Triebe auf die Kletterunterlage hinleiten, indem man sie daran befestigt. Wenn sie nach Süden hin gezogen wird, ist es notwendig, den Wurzelbereich vor Sonne zu schützen.

Wissenswertes

KRANKHEITEN UND SCHÄDLINGE, BEKÄMPFUNG

Krankheits- oder Schädlingsbefall wird immer begünstigt durch falsches Pflanzen oder eine ungeeignete Standortwahl. Den Pflanzen optimale Lebensbedingungen zu schaffen, ist auch ein Mittel, Heilmaßnahmen unnötig zu machen.

KRANKHEITEN

Allgemeiner Pflanzenschutzhinweis
Beachten Sie vor Kauf und Ausbringung von Pflanzenschutzmitteln die geänderte Gesetzeslage seit 1. Juli 2001: Hier wird auch für den Hobbygärtner geregelt, ob und in welcher Kultur Präparate gegen einen spezifischen Schädling oder Krankheitserreger zugelassen werden. Herstellerangaben wie Schutzmaßnahmen, Dosierung und Anwendungshäufigkeit müssen Sie ebenfalls genau beachten. Lassen Sie sich im Fachhandel eingehend zur aktuellen Situation beraten; nehmen Sie bei Zweifeln, um welche Pflanze und welche Schädigung es sich handelt, einen befallenen Pflanzenteil mit. Auch die örtlichen Pflanzenschutzämter können Ihnen hier weiterhelfen.

Die hier aufgeführten Präperate beziehen sich auf die Zulassungsbestimmungen vom 5. Juli 2003; aktuelle Informationen dazu erhalten Sie über http://www.brl.bund.de pflanzenschutz/psmdstart.htm.

GRAUSCHIMMEL *(BOTRYTIS)*

Dieser mikroskopisch kleine Pilz bildet auf Trieben, Blättern und Blütenständen gräuliche, puderige Ablagerungen (das sind die Sporen), die sich fettig anfühlen. Die befallenen Blütenstände verkümmern und werden braun. Stehende Luft, lang anhaltende Feuchtigkeit und schwerer Boden fördern ihn besonders.
Vorbeugende Maßnahmen: Die Pflanzen vorzugsweise am Morgen gießen, damit stehendes Wasser auf Pflanzenteilen tagsüber abtrocknen kann. Die Pflanzen regelmäßig aus der Mitte heraus auslichten, damit Licht und Luft an alle Pflanzenteile gelangen kann.
Bekämpfung: Die befallenen Teile abschneiden und entsorgen, die Pflanze in leichteren Boden pflanzen. Außerdem müssen abgefallene Blüten und Blätter sowie Schnittabfälle gleich entfernt und über den Hausmüll (nicht über den Kompost!) entsorgt werden. Auffällig ist, dass Pflanzen, die unter Nadelbäumen wachsen, nur sehr selten befallen werden.

ECHTER MEHLTAU *(OIDIUM)*

Eine Pilzkrankheit, die Blätter und Blüten mit einem weißen, pulverigen Belag überzieht. Dieser Befall ist zunächst vor allem hässlich, schwächt aber schließlich die Pflanze.
Bekämpfung: Tägliches Übersprühen mit Wasser bringt den Belag zum Verschwinden, doch diese Behandlung beseitigt nicht die Sporen. Die betroffenen Teile müssen abgeschnitten und vernichtet werden. Derzeit sind für Zierpflanzen im Freiland gegen den Erreger Präperate auf der Basis von Bitertanol (z. B. Baymat flüssig), Feranimol (z. B. Pilzfrei Saprol), Lecithin (z. B. BioBlatt-Mehltaumittel bzw. -spray) oder Schwefelpräparate zugelassen. Wenden Sie die Mittel gemäß der Herstellerangaben an.

HORTENSIEN-VIROSE

Diese durch Viren oder Mykoplasmen ausgelöste Krankheit äußert sich durch Zwergwuchs und violette bis rötliche Färbung aller Pflanzenteile, stumpfe Blätter und die Bildung sehr kleiner Blütenstände (etwa ein Drittel der Normalgröße). Sie ist stark ansteckend und befällt vor allem die Hybrid-Sorte *H.* 'Preziosa' (siehe Seite 45).

Bekämpfung: Es gibt kein bekämpfendes oder vorbeugendes Mittel; die Pflanzen müssen verbrannt werden (einschließlich der Wurzeln, des daran haftenden Bodens und gegebenenfalls des Pflanzgefäßes). Wichtig: An denselben Standort danach keine Hortensien pflanzen!

HORTENSIEN-VERGRÜNUNG

Diese von Mykoplasmen übertragene Krankheit zeigt sich durch Umwandlung aller Teile der Blütenkrone und der Staubblätter in winzige grüne Blätter, manchmal mit krankhaften Wucherungen. Die Pflanzen werden hässlich, schwach und gehen schließlich ein. Dies ist eine äußerst ansteckende tödliche Krankheit. Ganze Hortensien-Sammlungen sind von ihr schon dahingerafft worden. Diese Mykoplasmen werden durch Parasiten und durch die bestäubenden Insekten von einer Pflanze auf die andere übertragen.
Bekämpfung: Da es keine Behandlungsmöglichkeit gibt und die Ansteckung sehr schnell erfolgt, ist es unumgänglich, schleunigst die befallenen Pflanzen und ihr Substrat zu vernichten (verbrennen). Wichtig: Keine Hortensien an die selbe Stelle setzen!

SCHÄDLINGE

THRIPSE UND ERDFLÖHE

Winzige, saugende Insekten (Thripse bzw. Blasenfüße) verursachen fleckige Stellen, die eintrocknen und schließlich absterben. Da es immer mehr werden, scheinen sie allmählich aufeinander zuzuwachsen. Thripse befallen nur das Ende wachsender Triebe. Die Entwicklung der befallenen Pflanzen verlangsamt sich, die betroffenen Teile sterben ab und die Blütenknospen sind verloren.

Erdflöhe sind kleine, springende Käfer, die winzige Löcher in die Blätter fressen.
Bekämpfung: Derzeit sind gegen saugende Insekten für Zierpflanzen im Freiland unter anderem Präparate mit den Wirkstoffen des Neem-Baumes (Neem-Azal T/S), Dimethoat (z. B. Perfekthion), Kali-Seifen-Präparate (z. B. Neudosan Neu) oder Rapsöl (z. B. Micula) zugelassen; befolgen Sie auch hier Angaben zur Dosierung und Anwendungshäufigkeit des Herstellers.

WURZEL-NEMATODEN (FADENWÜRMER, ÄLCHEN)

Winzig kleine, weißliche Würmer, die sich vom Zellsaft ernähren. Die Schäden sind zuerst am Wurzelsystem zu erkennen: Die Wurzeln verlieren ihren Glanz und ihre Prallheit/Spannung, das Substrat fängt an, unangenehm zu riechen. Dann beginnen die oberirdischen Teile, schlapp zu werden und abzusterben. Ein Nematodenbefall deutet auf die Verwendung nährstoffarmen Bodens (ausgelaugte Erde) hin.
Bekämpfung: Für Privatgärtner besteht sie vor allem in der Vorbeugung: Alte Substrate nicht noch einmal verwenden, die Pflanzen korrekt ernähren. Studentenblumen (*Tagetes*) vertreiben Fadenwürmer. Man pflanzt sie versetzt zwischen die Sträucher.

SPINNMILBEN

Diese auch als »Rote Spinne« bezeichneten, nur etwa 0,5 mm großen Milben sind im Frühjahr gelblich und die weiblichen Tiere im Herbst rot gefärbt. Die Blätter werden durch die von diesen Tieren ausgeschiedenen Seidenfäden mehr oder weniger eingerollt.
Chemische Bekämpfung: Derzeit sind gegen Spinnmilben für Zierpflanzen im Freiland unter anderem Präparate mit den Wirkstoffen des Neem-Baumes (Neem-Azal T/S), Kali-Seifen-Präperate (z. B. Neudosan Neu), Mineralöl (Elefant Sommeröl) oder Rapsöl (z. B. Schädlingsfrei Naturen) zugelassen; befolgen Sie auch hier Angaben zur Dosierung und Anwendungshäufigkeit des Herstellers.
Biologische Bekämpfung: Wiederholtes Spritzen mit verdünnter Ackerschachtelhalmjauche (1 Teil Jauche auf 5 Teile

Wasser). Sie reagieren auch empfindlich auf das Nikotin in einer Tabak-Abkochung, allerdings nicht so stark.

DICKMAULRÜSSLER

Etwas über 1 cm große schwarze Käfer. Die erwachsenen Tiere nagen die Blattränder an und produzieren dabei Kerben in perfekten Halbkreisen. Die 1 cm großen dicken, weißlichen Larven sind weitaus gefährlicher, denn sie ernähren sich von den Wurzeln. Die Pflanze hört auf zu wachsen, verkümmert und geht häufig ein.
Mechanische Bekämpfung: Da keine chemischen Mittel zugelassen sind, müssen Sie bei überhand nehmenden Fraßschäden versuchen, die Tiere in der Dämmerung per Hand abzusammeln. Wo Käfer sind, können auch Larven sein: Falls möglich, sollten Sie die Hortensie vorsichtig ausgraben und den Wurzelballen sowie das angrenzende Erdreich gründlich auf die engerlingartigen Larven hin untersuchen, gefundene Tiere vernichten.
Biologische Bekämpfung: Gläser bis zur Öffnung eingraben, in denen 2 cm mit Wasser verdünnte süße Kondensmilch stehen. Vom Zucker angelockt, ertrinken die Käfer. Sie werden jeden Morgen eingesammelt, bis die Fallen leer bleiben. Ebenfalls gegen die Larven: Aufguss aus Rainfarn (*Tanacetum vulgare*) unverdünnt, reichlich und häufig im Wurzelbereich verteilen.

NACKTSCHNECKEN

Gefährlich für junge Pflanzen. Erwachsene Pflanzen haben fast nichts von ihnen zu fürchten, abgesehen von einigen besonders empfindlichen Sorten wie *H. macrophylla* 'Thomas Hogg'.
Biologische Bekämpfung: Kleine Häufchen Senf, die um die Pflanze herum verteilt werden, wirken abstoßend. Auch Bierfallen haben sich bewährt; sie werden wie Käferfallen hergestellt, nur mit Bier anstelle der Milch. Auch sie müssen regelmäßig abgesammelt werden. Andere »sanfte« Methoden: Um die Pflanzen Bretter auslegen, unter die sich die Schnecken zurückziehen und wo Sie sie dann absammeln und vernichten können; Reisighaufen oder Benjeshecken im Garten errichten, von wo aus Igel und anderen Kleinsäuger nachts auf »Raubzug« gehen.
Chemische Bekämpfung: Schneckenkorn (z. B. Ferramol) wird um die befallenen Pflanzen herum ausgestreut. Allerdings kann es schädlich für andere Tiere wie Schnecken verzehrende Igel sein, Sie sollten deshalb auf biologische Methoden zurückgreifen.

GEHÄUSESCHNECKEN

Sie sind draußen kaum schädlich, allerdings in Gewächshäusern und Frühbeeten sehr lästig. Es ist recht einfach, sie mit der Hand einzusammeln. Auch Senf kann verwendet werden.

KULTURFEHLER

HITZSCHLAG

Bei eingewachsenen Pflanzen kann das passieren, wenn nach einer relativ kühlen, feuchten Periode die Temperatur bei klarem Wetter ganz plötzlich von einem Tag auf den anderen ansteigt. Die Pflanzen, die für eine größtmögliche Verdunstung zur Erhaltung des Transpirationssoges ihre Spaltöffnungen weit geöffnet hielten, haben nun keine Zeit, sich umzustellen und verlieren mehr Wasser als sie aufnehmen. Die Blattstiele werden weich, die Blätter hängen herab und trocknen schließlich aus. Im Spätfrühling kann dies gefährlich werden, denn die weit fortgeschrittenen Blütenknospen können absterben. Für Stecklinge ist diese »Panne« meist tödlich. Die Folgen eines Hitzschlages treten umso rascher und heftiger ein, je durchlässiger der Boden und umso jünger die Pflanzen sind.
Vorbeugung: Sobald sich ein heftiger Temperaturanstieg ankündigt, stellen Sie im Falle von Bewässerungsanlagen (am besten Sprühberegnung oder Tröpfchenbewässerung) diese morgens schon vor Sonnenaufgang an und erst etwa eine Stunde vor Sonnenuntergang

ab. Fahren Sie für die ganze Dauer der extremen Temperatur mit dieser Bewässerung fort, reduzieren Sie aber täglich die verwendete Wassermenge. In Gewächshäusern muss beschattet, ventiliert und gesprüht werden. Im Falle von »Handbetrieb« gießen Sie während der Trockenperiode frühmorgens und spät abends reichlich mit Regenwasser und überbrausen dabei auch die Blätter.

SPÄTFROST

Nach einem milden Winter oder wenn der Frühling besonders früh beginnt, besteht die Gefahr von beträchtlichen Schäden durch Spätfröste. Zunächst sind die Blätter betroffen, desgleichen die äußersten Hüllblätter der Knospen. Am Vormittag, wenn die Luft wärmer wird, sehen die erfrorenen Blätter und anderen Teile wie »gekochter Salat« aus. Die Blätter werden schließlich durch die Sekundärknospen ersetzt, doch die Gesundheit und Kräftigkeit der Pflanze sind angeschlagen. Die Blütenknospen sind nun in großer Gefahr, selbst wenn sie nicht bis ins Innere erfroren sind, denn jetzt können sich leichter Krankheiten entwickeln.
Vorbeugung: Wenn im Frühling die Temperatur kühl und der Himmel klar ist, kann man abends dicke Spezialkerzen anzünden, die man im Garten verteilt (etwa fünf Kerzen pro 100 m²). Man kann auch nachts die zu schützenden Pflanzen oder Beete mit einem Schutzvlies bedecken. Dieses Material ist nicht teuer und von einem Jahr zum nächsten wiederverwendbar. Es muss tagsüber unbedingt entfernt werden, wenn es nicht friert, denn sonst wirkt es wie eine Art Frühbeet.
Pflege: Entfernen Sie so schnell wie möglich die betroffenen Pflanzenteile.

MANGEL-ERSCHEINUNGEN

Wenn bestimmte mineralische oder organische Elemente im Boden fehlen oder nicht in ausreichender Menge vorhanden sind, zeigt die Pflanze Mangelerscheinungen. Die häufigsten Ursachen für Mangelerscheinungen sind:

STICKSTOFFMANGEL

Das Laub ist einheitlich blass und die Pflanzen sind nicht sehr kräftig.
Behandlung: Stickstoffhaltigen Dünger aufbringen. Wenn der Boden zu schwer ist, muss man ihn durch Zugabe sauren Substrats leichter machen. Achten Sie darauf, die grünen Pflanzenteile nicht mit dem Stickstoff in Berührung kommen zu lassen, denn das würde sie verbrennen.

EISENMANGEL

Er kommt durch Bleichsucht (Chlorose) zum Ausdruck. Der Blattrand ist gelb, während die Blattnerven grün bleiben. Dieser Mangel tritt auf bei einem zu hohen pH-Wert des Bodens: Der Kalk behindert die Eisenaufnahme.
Behandlung: Das Substrat durch ein saures Substrat ersetzen. Eisendünger über das Gießwasser aufbringen. Dünger und Mineralien dürfen nur in geringer Dosierung über einen längeren Zeitraum gegeben werden und nicht in hohen Mengen auf einmal, denn es besteht ansonsten die Gefahr, dass die Aufnahme der einzelnen Elemente blockiert wird oder dass die Pflanzen vergiftet werden.

▼ *H. macrophylla* 'Veitchii'

HORTENSIEN ZUM ANSCHAUEN

HORTENSIEN-SAMMLUNGEN

Deutschland: Botanische Sammlungen Landschloss Pirna-Zuschendorf, Am Landschloss 6, 01796 Pirna-Zuschendorf

Frankreich: Collection d' Hydrangea Shamrock (Nationale Hortensien-Sammlung), Route du Manoir d'Ango, 76119 Varengeville-sur-Mer
UPOV, collection *d'Hydrangea* (Nationale Sammlung von Sorten und Hybriden der *Hydrangea macrophylla*), Hôtel de Ville, Boulevard de la Résistance, BP 3527, 49035 Angers Cedex

Großbritannien: Lakeland Horticultural Society (Nationale Englische Sammlung), Windermere, Cumbria

Belgien: Arboretum von Kalmthout (Sammlung von *H. paniculata*), Heuvel 2, 2920 Kalmthout

BOTANISCHE GÄRTEN/ARBORETEN

Deutschland: **Arboretum Baumpark Ellerhoop-Thiensen**, Thiensen 17, 25373 Ellerhoop
Botanischer Garten und Arboretum Dortmund, Am Rombergpark 49 b, 44225 Dortmund
Botanischer Garten der J.-W.-von-Goethe-Universität Frankfurt, Siesmayerstraße 32, 60323 Frankfurt
Botanischer Garten der Technischen Universität Darmstadt, Schnittspahnstraße 5, 64287 Darmstadt
Wilhelma – Zoologisch-botanischer Garten, Neckartalstraße, 70376 Stuttgart
Botanischer Garten München-Nymphenburg, Menzinger Straße 61, 80638 München

Österreich: **Botanischer Garten Wien**, Universität Wien, Rennweg 14, A-1040 Wien
Botanischer Garten und Arboretum Linz, Roseggerstraße 20, A-4020 Linz

Frankreich: **Domaine de Trévarez**, 29520 Saint-Goazec
Parc de Haute-Bretagne, La Foltière, 35133 Le Châtelier
Jardin Botanique du Château de Vauville, 50440 Vauville
Parc Floral de la Ville de Paris, Bois de Vincennes, Rond Point de la Pyramide, 75012 Paris
Le Vastérival, 76119 Ste-Marguerite-sur-Mer
Le Bois des Moutiers, 76119 Varengeville-sur-Mer

BEZUGSQUELLEN

Deutschland: Dresdner Zierpflanzen Steinle, Radeburger Landstraße 12, 01108 Dresden
Baumschule Böhlje, Oldenburger Straße 9, 26655 Westerstede
Wolfgang Linnemann, Rheindorfer Straße 49, 53225 Bonn
Blumen und Pflanzen Vatter, Kleinbettlinger Str. 9, 72658 Bempflingen
Pflanzenforum Roswitha Dir, Veitlesweg 18, 86663 Asbach-Bäumenhain

Österreich: Praskac Pflanzenland, A-3430 Tulln
Baumschule Teuffenbach, Dorfstr. 37, A-9552 Steindorf am Ossiachersee

Frankreich: Annabelle, 39290 Rainans
Pépinières du Haut Bois, 56800 Taupont-Ploermel

Belgien: Pépinière de la Thyle, 1490 Faux, Court-Saint-Etienne

Italien: Vivaio Anna Peyron, 10090 Castagneto PO
Vivaio Paoli et Borgioli, via di Scandici 265, 50143 Firenze

REGISTER

Verzeichnis der vorgestellten Hortensien-Arten, -Unterarten und -Sorten

Beschriebene Arten und Unterarten

Beschriebene Sorten